Learn Italian For Beginners Easily and In Your Car! Phrases Edition!

Contains Over 1000 Italian Beginner & Intermediate Phrases: Perfect For Travel - Best Language Learning Lessons - Level 1

By

Immersion Languages

Basic Greetings and Well Wishes	4
Basic Travel Phrases	6
At the Restaurant	15
Places to Stay	23
Shopping	28
Conversational Phrases 1	32
Conversational Phrases 2	41
Conversational Phrases 3	52
Conversational Phrases 4	62
Talking About the Weather	70
Religion	72
Expressions	74
Times and Measurements	82
Dating	85
At the Post Office	93
At The Bank	94
Business	95
At the Hairdresser	98
Emergency/ Medical	100
School	104

Understanding Signs	105
Skiing	106
Day at the Beach	106
Talking About the House	107

Basic Greetings and Well Wishes

- Hi - Ciao
- Hi - Ciao
- Good Morning - Buongiorno!
- Good Morning - Buongiorno!
- Good evening - Buona Sera!
- Good evening - Buona Sera!
- Welcome! - Benvenuto/a

- Welcome! - Benvenuto/a
- How are you? - Come Stai?
- How are you? - Come Stai?
- I'm fine, thanks! - Bene, Grazie!
- I'm fine, thanks! - Bene, Grazie!
- And you? - e tu?
- And you? - e tu?
- Thank you - Grazie
- Thank you - Grazie
- You're welcome - Prego!
- You're welcome - Prego!
- Hey! Friend! - Ciao! Amico!
- Hey! Friend! - Ciao! Amico!
- I missed you so much! - Mi sei mancato molto!
- I missed you so much! - Mi sei mancato molto!
- What's new? - Cosa c'è di nuovo?
- What's new? - Cosa c'è di nuovo?
- Nothing much - non molto
- Nothing much - non molto
- See you later! - a dopo
- See you later! - a dopo
- Goodbye! - arrivederci!
- Goodbye! - arrivederci!
- Good night and sweet dreams! - Buona notte e sogni d'oro!
- Good night and sweet dreams! - Buona notte e sogni d'oro!
- Have a good trip! - Buon viaggio!
- Have a good trip! - Buon viaggio!
- Congratulations! - Congratulazioni!
- Congratulations! - Congratulazioni!
- Best wishes! - Auguri!
- Best wishes! - Auguri!
- Til next time - Alla prossima

- Til next time - Alla prossima
- My thoughts are with you - Ti sono vicina con il pensiero
- My thoughts are with you - Ti sono vicina con il pensiero
- Congrats grad! - Congratulazioni dottore
- Congrats grad! - Congratulazioni dottore
- Congrats to the newly engaged! - Congratulazioni ai nuovi fidanzati!
- Congrats to the newly engaged! - Congratulazioni ai nuovi fidanzati!
- Have fun! - Divertiti!
- Have fun! - Divertiti!
- Lots of love! - Con affetto!
- Lots of love! - Con affetto!
- Take care! - Mi raccomando!
- Take care! - Mi raccomando!
- Best wishes from… - Con i migliori auguri da…
- Best wishes from… - Con i migliori auguri da…
- Best wishes to… - Saluti a…
- Best wishes to… - Saluti a…
- With sympathy! - Con le mie condoglianze!
- With sympathy! - Con le mie condoglianze!

Basic Travel Phrases

- I don't understand - Non capisco.
- I don't understand - Non capisco.
- I don't speak Italian. - Non parlo italiano.

- I don't speak Italian. - Non parlo italiano.
- I don't speak Italian very well. - Non parlo molto bene italiano.
- I don't speak Italian very well. - Non parlo molto bene italiano.
- Do you speak English? - Parla inglese?
- Do you speak English? - Parla inglese?
- Does anyone here speak English? - C'è qualcuno che parla inglese?
- Does anyone here speak English? - C'è qualcuno che parla inglese?
- Excuse me, what did you say? - Scusi, che cosa ha detto?
- Excuse me, what did you say? - Scusi, che cosa ha detto?
- I always get nervous when I speak Italian. - Mi innervosisco sempre quando parlo in italiano.
- I always get nervous when I speak Italian. - Mi innervosisco sempre quando parlo in italiano.
- I understand you very well. - La capisco benissimo
- I understand you very well. - La capisco benissimo
- Speak slowly, please. - Parli piano, per favore.
- Speak slowly, please. - Parli piano, per favore.
- Repeat, please. - Ripeta, per favore.
- Repeat, please. - Ripeta, per favore.
- What does that mean? - Cosa vuole dire?
- What does that mean? - Cosa vuole dire?
- Please write that down for me - Potrebbe scrivermelo?
- Please write that down for me - Potrebbe scrivermelo?

- Could you say that again please? - Potrebbe ripetere, per favore?
- Could you say that again please? - Potrebbe ripetere, per favore?
- I don't know - Non lo so
- I don't know - Non lo so
- I'm sorry - Mi dispiace.
- I'm sorry - Mi dispiace.
- What's your name? - Come si chiama?
- What's your name? - Come si chiama?
- How are you? - Come va?
- How are you? - Come va?
- Call the flight attendant, please. - Chiamate l'assistente di volo, per favore.
- Call the flight attendant, please. - Chiamate l'assistente di volo, per favore.
- Where is the subway? - Dov'è la metropolitana?
- Where is the subway? - Dov'è la metropolitana?
- Where is the bathroom? - Dov'è la toilette?
- Where is the bathroom? - Dov'è la toilette?
- Can you help me? - Mi può aiutare?
- Can you help me? - Mi può aiutare?
- Can I get on the internet? - Posso collegarmi con internet?
- Can I get on the internet? - Posso collegarmi con internet?
- How much does that cost? - Quanto costa/costano?
- How much does that cost? - Quanto costa/costano?
- I'm lost - Mi sono perso/a
- I'm lost - Mi sono perso/a
- Can I use your phone? - Posso usare il suo telefono?

- Can I use your phone? - Posso usare il suo telefono?
- How can I get there? - Come posso arrivarci?
- How can I get there? - Come posso arrivarci?
- Can you show me on the map? - Potrebbe indicarmelo sulla carta?
- Can you show me on the map? - Potrebbe indicarmelo sulla carta?
- Where is the train station? - Dov'è la stazione dei treni?
- Where is the train station? - Dov'è la stazione dei treni?
- Where can I buy tickets? - Dove si comprano i biglietti?
- Where can I buy tickets? - Dove si comprano i biglietti?
- I would like to buy a ticket to (Rome). - Vorrei comprare un biglietto per (Roma)
- I would like to buy a ticket to (Rome). - Vorrei comprare un biglietto per (Roma)
- What time does the last train come? - A che ora passa l'ultimo treno?
- What time does the last train come? - A che ora passa l'ultimo treno?
- The train is late. - Il treno è in ritardo
- The train is late. - Il treno è in ritardo
- How long does the trip take? - Quanto tempo ci vuole?
- How long does the trip take? - Quanto tempo ci vuole?
- What is the next stop? - Qual è la prossima fermata?
- What is the next stop? - Qual è la prossima fermata?

- I would like to rent a car. - Vorrei noleggiare una macchina
- I would like to rent a car. - Vorrei noleggiare una macchina
- I have to cancel my reservation. - Devo annullare il mio volo
- I have to cancel my reservation. - Devo annullare il mio volo
- How do I get to the airport? - Come ottengo all'aeroporto?
- How do I get to the airport? - Come ottengo all'aeroporto?
- I would like to get a taxi. - Vorrei ottenere un tassì.
- I would like to get a taxi. - Vorrei ottenere un tassì.
- What platform is my train leaving from? - Da quale binario parte il mio treno?
- What platform is my train leaving from? - Da quale binario parte il mio treno?
- The conductor activates the train. - Il conducente aziona il treno.
- The conductor activates the train. - Il conducente aziona il treno.
- The conductor will help you find your seat. - Il conducente ti aiuterà a trovare il tuo posto.
- The conductor will help you find your seat. - Il conducente ti aiuterà a trovare il tuo posto.
- I'm in a hurry! - Vado di fretta!
- I'm in a hurry! - Vado di fretta!
- Stop here, please! - Fermi qui, per favore!
- Stop here, please! - Fermi qui, per favore!
- How much do I owe you? - Quanto Le devo?
- How much do I owe you? - Quanto Le devo?

- Do you accept dollars? - Accettate dollari?
- Do you accept dollars? - Accettate dollari?
- Do you accept British pounds? - Accettate sterline Inglesi?
- Do you accept British pounds? - Accettate sterline Inglesi?
- Can you change money for me? - Potete cambiare del denaro per me?
- Can you change money for me? - Potete cambiare del denaro per me?
- Can you change British pounds for me? - Potete cambiare delle sterline Inglesi per me?
- Can you change British pounds for me? - Potete cambiare delle sterline Inglesi per me?
- Can you change American dollars for me? - Potete cambiare dei dollari Americani per me?
- Can you change American dollars for me? - Potete cambiare dei dollari Americani per me?
- Where can I get money changed? - Dove posso cambiare del denaro?
- Where can I get money changed? - Dove posso cambiare del denaro?
- Where can I get foreign money changed? - Dove posso cambiare della valuta straniera?
- Where can I get foreign money changed? - Dove posso cambiare della valuta straniera?
- What is the exchange rate? - Quant'è il cambio?
- What is the exchange rate? - Quant'è il cambio?
- Is there commission? - C'e' una commissione da pagare?
- Is there commission? - C'e' una commissione da pagare?
- What is today's date? - Qual'e' la data di oggi?
- What is today's date? - Qual'e' la data di oggi?

- Where is an automatic teller machine (ATM)? - Dove posso trovare un Bancomat?
- Where is an automatic teller machine (ATM)? - Dove posso trovare un Bancomat?
- Where can I find the art exhibition? - Dove posso trovare la mostra d'arte?
- Where can I find the art exhibition? - Dove posso trovare la mostra d'arte?
- Where can I find the lost property office? - Dove posso trovare l'ufficio oggetti smarriti?
- Where can I find the lost property office? - Dove posso trovare l'ufficio oggetti smarriti?
- Where can I find public restrooms? - Dove posso trovare i bagni pubblici?
- Where can I find public restrooms? - Dove posso trovare i bagni pubblici?
- Can I get insurance? - Posso avere un'assicurazione?
- Can I get insurance? - Posso avere un'assicurazione?
- Is it within walking distance? - Posso arrivarci a piedi?
- Is it within walking distance? - Posso arrivarci a piedi?
- Hi, I'm trying to find my Airbnb. Here's the address - Ciao, sto cercando il mio Airbnb. Ecco l'indirizzo
- Hi, I'm trying to find my Airbnb. Here's the address - Ciao, sto cercando il mio Airbnb. Ecco l'indirizzo
- How can I reach the Colosseum? - Come posso raggiungere il colosseo?

- How can I reach the Colosseum? - Come posso raggiungere il colosseo?
- Excuse me, where did you buy that ice cream? - Scusa, dove hai comprato quel gelato?
- Excuse me, where did you buy that ice cream? - Scusa, dove hai comprato quel gelato?
- Can you recommend a cool bar for the aperitivo near this area? - Puoi consigliarci un bel bar per l'aperitivo qui vicino?
- Can you recommend a cool bar for the aperitivo near this area? - Puoi consigliarci un bel bar per l'aperitivo qui vicino?
- Excuse me, can you tell me where St. Peter's Square is? - Scusi, mi sa dire dov'è Piazza San Pietro?
- Excuse me, can you tell me where St. Peter's Square is? - Scusi, mi sa dire dov'è Piazza San Pietro?
- Certainly. Go straight on until you reach the end of the road... - Sì certo. Lei va avanti dritto fino alla fine della strada...
- Certainly. Go straight on until you reach the end of the road... - Sì certo. Lei va avanti dritto fino alla fine della strada...
- Then turn right. - Poi gira a destra.
- Then turn right. - Poi gira a destra.
- Is the library far from here? - È lontana la biblioteca da qui?
- Is the library far from here? - È lontana la biblioteca da qui?
- It takes about ten minutes. - Ci vogliono circa dieci minuti.

- It takes about ten minutes. - Ci vogliono circa dieci minuti.
- How many stops before we arrive in …? - quante fermate ci sono prima di ...?
- How many stops before we arrive in …? - quante fermate ci sono prima di ...?
- Can I park here? - si può parcheggiare qui?
- Can I park here? - si può parcheggiare qui?
- Where is the parking meter? - dov'è il parchimetro?
- Where is the parking meter? - dov'è il parchimetro?
- Is this the entrance for the Vatican museums? - è questo l'ingresso per i Musei Vaticani?
- Is this the entrance for the Vatican museums? - è questo l'ingresso per i Musei Vaticani?
- A single ticket for Napoli, please. - Un bigietto di sola andata per Napoli.
- A single ticket for Napoli, please. - Un bigietto di sola andata per Napoli.
- A return ticket for Venice, please. - Un biglietto di andata e ritorno per Venezia.
- A return ticket for Venice, please. - Un biglietto di andata e ritorno per Venezia.
- Is there a non-smoking seat? - C'è un posto nel reparto non fumatori?
- Is there a non-smoking seat? - C'è un posto nel reparto non fumatori?
- Does the train have a dining-car? - C'è un vagone ristorante nel treno?
- Does the train have a dining-car? - C'è un vagone ristorante nel treno?
- How frequent are the buses? - Quanto frequenti sono gli autobus?

- How frequent are the buses? - Quanto frequenti sono gli autobus?
- This seat is taken. - Questo posto è occupato.
- This seat is taken. - Questo posto è occupato.
- I have broken down. - Ho un guasto.
- I have broken down. - Ho un guasto.
- Twenty litres of unleaded, please. - Venti litri senza piombo, grazie.
- Twenty litres of unleaded, please. - Venti litri senza piombo, grazie.
- Fill the tank up, please. - Il pieno, grazie.
- Fill the tank up, please. - Il pieno, grazie.
- Please check the oil level. - Controlli il livello dell'olio, grazie.
- Please check the oil level. - Controlli il livello dell'olio, grazie.
- Please check the tires. - Controlli le gomme, grazie.
- Please check the tires. - Controlli le gomme, grazie.

At the Restaurant

- A cappuccino, please - Un cappucccino, per favore
- A cappuccino, please - Un cappucccino, per favore
- A glass of mineral water, please - Un bicchiere di acqua minerale per favore
- A glass of mineral water, please - Un bicchiere di acqua minerale per favore

- Will you bring us the bill please? - Ci fa il conto, per favore?
- Will you bring us the bill please? - Ci fa il conto, per favore?
- Do you have a table for two? - ha/avete un tavolo per due?
- Do you have a table for two? - ha/avete un tavolo per due?
- What are your specialities? - quali sono le specialità della casa?
- What are your specialities? - quali sono le specialità della casa?
- Is the sauce spicy? - la salsa è piccante?
- Is the sauce spicy? - la salsa è piccante?
- What can you recommend? - Cosa mi può raccomandare?
- What can you recommend? - Cosa mi può raccomandare?
- I would like… - Io vorrei…
- I would like… - Io vorrei…
- I would like to pay, please. - Vorrei pagare, per favore.
- I would like to pay, please. - Vorrei pagare, per favore.
- I'm a vegetarian - Sono vegetariano
- I'm a vegetarian - Sono vegetariano
- I can't eat dishes that contain gluten. - Non posso mangiare i piatti che contengono il glutine
- I can't eat dishes that contain gluten. - Non posso mangiare i piatti che contengono il glutine
- With ice - Con ghiaccio
- With ice - Con ghiaccio
- Without ice - senza ghiaccio
- Without ice - senza ghiaccio

- What do you have on tap? - Cosa avete alla spina?
- What do you have on tap? - Cosa avete alla spina?
- What light beers do you have? - Avete birre chiare?
- What light beers do you have? - Avete birre chiare?
- What dark beers do you have? - Avete birre scure?
- What dark beers do you have? - Avete birre scure?
- I would like something non-alcoholic to drink. - Vorrei qualcosa di analcolico da bere.
- I would like something non-alcoholic to drink. - Vorrei qualcosa di analcolico da bere.
- Keep the change. - Tenga il resto.
- Keep the change. - Tenga il resto.
- Are you still serving drinks? - Servite ancora da bere?
- Are you still serving drinks? - Servite ancora da bere?
- A table for four - Un tavolo per quattro
- A table for four - Un tavolo per quattro
- Could I have the wine list? - Potrei avere la carta dei vini?
- Could I have the wine list? - Potrei avere la carta dei vini?
- Could I have the dessert menu? - Potrei avere il menù dei dolci?
- Could I have the dessert menu? - Potrei avere il menù dei dolci?
- I am a vegan - Sono vegano
- I am a vegan - Sono vegano

- I don't eat pork - Non mangio carne di maiale
- I don't eat pork - Non mangio carne di maiale
- Is our food long? - C'è ancora molto da aspettare?
- Is our food long? - C'è ancora molto da aspettare?
- No, we don't have a reservation - No, non abbiamo prenotato.
- No, we don't have a reservation - No, non abbiamo prenotato.
- I'd like to make a reservation. - Vorrei prenotare.
- I'd like to make a reservation. - Vorrei prenotare.
- Are you open yet? - Siete già aperti?
- Are you open yet? - Siete già aperti?
- Can we sit over there? - Possiamo sederci laggiù?
- Can we sit over there? - Possiamo sederci laggiù?
- I only eat kosher food. - Mangio solamente cibo kosher.
- I only eat kosher food. - Mangio solamente cibo kosher.
- Excuse me, waiter? - Scusi, cameriere?
- Excuse me, waiter? - Scusi, cameriere?
- It was delicious. - È squisito.
- It was delicious. - È squisito.
- Do you have any bar snacks? - Avete qualcosa da stuzzicare?
- Do you have any bar snacks? - Avete qualcosa da stuzzicare?
- One more, please. - Un altro, per favore.
- One more, please. - Un altro, per favore.
- Another round, please. - Un altro giro, per favore.

- Another round, please. - Un altro giro, per favore.
- Enjoy your meal! - Buon appetito!
- Enjoy your meal! - Buon appetito!
- Where is a casual restaurant? - Dov'é una trattoria un'osteria ?
- Where is a casual restaurant? - Dov'é una trattoria un'osteria ?
- Let's eat! - Mangiamo
- Let's eat! - Mangiamo
- Pass the salt - Passa il sale
- Pass the salt - Passa il sale
- Can I have a taste? - Posso assaggiare
- Can I have a taste? - Posso assaggiare
- Excuse me, can we have the menu? - Scusi, ci può portare il menù?
- Excuse me, can we have the menu? - Scusi, ci può portare il menù?
- A glass of red wine. - Un bicchiere di vino rosso.
- A glass of red wine. - Un bicchiere di vino rosso.
- And what would you like to drink? - E da bere?
- And what would you like to drink? - E da bere?
- It's on me! - Offro io!
- It's on me! - Offro io!
- Can we have breakfast? - Possiamo fare la prima colazione?
- Can we have breakfast? - Possiamo fare la prima colazione?

- As a first course I'll have ... - Come primo prendo ...
- As a first course I'll have ... - Come primo prendo ...
- More bread, please - Ancora un po' di pane, per favore
- More bread, please - Ancora un po' di pane, per favore
- That's enough, thanks - Va bene così, grazie
- That's enough, thanks - Va bene così, grazie
- This isn't properly cooked - Questo non era cotto nel modo giusto
- This isn't properly cooked - Questo non era cotto nel modo giusto
- I am hungry. Is there a restaurant? - Ho fame. C'è un ristorante?
- I am hungry. Is there a restaurant? - Ho fame. C'è un ristorante?
- I am thirsty. Is there a fountain? - Ho sete. C'è una fontana?
- I am thirsty. Is there a fountain? - Ho sete. C'è una fontana?
- Don't drop the teapot! - Non far cadere la teiera!
- Don't drop the teapot! - Non far cadere la teiera!
- Can you pass me the bread-sticks? - Mi puoi passare i grissini?

- Can you pass me the bread-sticks? - Mi puoi passare i grissini?
- Are you good with chopsticks? - Ci sai fare con le bacchette?
- Are you good with chopsticks? - Ci sai fare con le bacchette?
- A meal fit for a king - Un pranzo da re
- A meal fit for a king - Un pranzo da re
- Does anyone want seconds? - Qualcuno vuole il bis?
- Does anyone want seconds? - Qualcuno vuole il bis?
- I had too much coffee - Ho bevuto troppo caffè
- I had too much coffee - Ho bevuto troppo caffè
- I spilled coffee on myself - Mi son versato il caffè addosso
- I spilled coffee on myself - Mi son versato il caffè addosso
- Are there any chips left? - Ci sono ancora patatine?
- Are there any chips left? - Ci sono ancora patatine?
- Let me pour you a drink - Le verso da bere
- Let me pour you a drink - Le verso da bere
- This beef is very delicious. - Questo manzo è buonissimo.
- This beef is very delicious. - Questo manzo è buonissimo.
- Tonight's choices are beef or chicken. - Le scelte di stasera sono manzo o pollo.

- Tonight's choices are beef or chicken. - Le scelte di stasera sono manzo o pollo.
- Beef for the main course - manzo come piatto principale
- Beef for the main course - manzo come piatto principale
- We only use our dinner table for formal meals. - Usiamo il tavolo da pranzo solo per pranzi formali.
- We only use our dinner table for formal meals. - Usiamo il tavolo da pranzo solo per pranzi formali.
- Is a tomato a fruit or a vegetable? - Il pomodoro è un frutto o una verdura?
- Is a tomato a fruit or a vegetable? - Il pomodoro è un frutto o una verdura?
- Tomatoes are fruit. - I pomodori sono frutta.
- Tomatoes are fruit. - I pomodori sono frutta.
- Ripe red tomato - pomodoro rosso maturo
- Ripe red tomato - pomodoro rosso maturo
- When I make pork, I like to saute it in a pan. - Quando faccio il maiale, mi piace rosolarlo in padella.
- When I make pork, I like to saute it in a pan. - Quando faccio il maiale, mi piace rosolarlo in padella.
- Saute onions - cipolle rosolate
- Saute onions - cipolle rosolate
- Stick of butter and slices of butter - burro a pezzetti e burro a fette

- Stick of butter and slices of butter - burro a pezzetti e burro a fette
- I always use a carving knife when I serve turkey. - Uso sempre un coltello trinciante quando servo il tacchino.
- I always use a carving knife when I serve turkey. - Uso sempre un coltello trinciante quando servo il tacchino.
- Aromatic herbs and spices - aromi e spezie
- Aromatic herbs and spices - aromi e spezie
- Variety of spices - varietà di spezie
- Variety of spices - varietà di spezie
- I ate five doughnuts. - Ho mangiato cinque ciambelle.
- I ate five doughnuts. - Ho mangiato cinque ciambelle.
- Baked goods at a bakery - prodotti da forno in una panetteria
- Baked goods at a bakery - prodotti da forno in una panetteria
- A good coffee would please me - mi piacerebbe un buon caffe
- A good coffee would please me - mi piacerebbe un buon caffe
- Did the ice cream please you? - ti è piaciuto il gelato?
- Did the ice cream please you? - ti è piaciuto il gelato?

Places to Stay

- Is there anything cheaper? - C'è qualcosa di più economico?
- Is there anything cheaper? - C'è qualcosa di più economico?
- Does the price include breakfast? - Il prezzo include la colazione?
- Does the price include breakfast? - Il prezzo include la colazione?
- What is the WiFi password? - Qual è la password per il WiFi?
- What is the WiFi password? - Qual è la password per il WiFi?
- I lost my key. - Ho perso la chiave.
- I lost my key. - Ho perso la chiave.
- I'm locked out of my room. - Mi sono chiuso/a fuori dalla camera.
- I'm locked out of my room. - Mi sono chiuso/a fuori dalla camera.
- Can you give me a receipt, please? - Mi dà la ricevuta, per favore?
- Can you give me a receipt, please? - Mi dà la ricevuta, per favore?
- Can we leave our bags here until (2PM)? - Possiamo lasciare i bagagli fino alle (due)?
- Can we leave our bags here until (2PM)? - Possiamo lasciare i bagagli fino alle (due)?
- Can we pay by credit card? - Possiamo pagare con la carta di credito?

- Can we pay by credit card? - Possiamo pagare con la carta di credito?
- What time is check-out? - A che ora (si deve)/dobbiamo lasciare libera la camera?
- What time is check-out? - A che ora (si deve)/dobbiamo lasciare libera la camera?
- How does the washer work? - Come funziona la lavatrice?
- How does the washer work? - Come funziona la lavatrice?
- Is there an iron? - C'è un ferro da stiro?
- Is there an iron? - C'è un ferro da stiro?
- Can I pay with my debit card? - Posso pagare con il bancomat?
- Can I pay with my debit card? - Posso pagare con il bancomat?
- We only accept cash. - Accettiamo soltanto i contanti.
- We only accept cash. - Accettiamo soltanto i contanti.
- Do you have any vacancies? - Avere una stanza libera?
- Do you have any vacancies? - Avere una stanza libera?
- I have a reservation - Ho prenotato una stanza
- I have a reservation - Ho prenotato una stanza
- How much is it per night? - Quanto si paga per notte?
- How much is it per night? - Quanto si paga per notte?
- Do you need our passports? - Hai bisogno dei nostri passaporti?
- Do you need our passports? - Hai bisogno dei nostri passaporti?

- Here is my passport - Ecco il passaporto
- Here is my passport - Ecco il passaporto
- Is there an elevator? - C'è l'ascensore?
- Is there an elevator? - C'è l'ascensore?
- May I see the room first? - Posso prima vedere la stanza?
- May I see the room first? - Posso prima vedere la stanza?
- Do you have anything quieter? - Ha una stanza più silenziosa?
- Do you have anything quieter? - Ha una stanza più silenziosa?
- OK, I'll take it. - Va bene, la prendo.
- OK, I'll take it. - Va bene, la prendo.
- Do you have a safe? - Avete una cassaforte ?
- Do you have a safe? - Avete una cassaforte ?
- Is there air conditioning? - C'è l'aria condizionata?
- Is there air conditioning? - C'è l'aria condizionata?
- The air conditioning does not work - L'aria condizionata non funziona
- The air conditioning does not work - L'aria condizionata non funziona
- Will you give me an extra pillow? - Potreste darmi un cuscino in più?
- Will you give me an extra pillow? - Potreste darmi un cuscino in più?
- I'd like some toilet paper? - Vorrei avere della carta igienica
- I'd like some toilet paper? - Vorrei avere della carta igienica
- I need to contact my hotel - Devo contattare il mio hotel

- I need to contact my hotel - Devo contattare il mio hotel
- Do you have room for a tent? - C'è posto per una tenda?
- Do you have room for a tent? - C'è posto per una tenda?
- Do you have room for a caravan? - C'è posto per un caravan?
- Do you have room for a caravan? - C'è posto per un caravan?
- Where's the toilet/shower block? - Dov'è il bagno/le docce?
- Where's the toilet/shower block? - Dov'è il bagno/le docce?
- Is there an electric connection for our caravan? - C'è una presa elettrica per il nostro caravan?
- Is there an electric connection for our caravan? - C'è una presa elettrica per il nostro caravan?
- I am sorry, we have no more rooms available - mi spiace, non abbiamo più camere disponibili
- I am sorry, we have no more rooms available - mi spiace, non abbiamo più camere disponibili
- We are fully booked - siamo al completo
- We are fully booked - siamo al completo
- The Internet connection only works in the lobby - la connessione funziona solo al ricevimento
- The Internet connection only works in the lobby - la connessione funziona solo al ricevimento
- There's always somebody at the reception desk - c'è sempre qualcuno al ricevimento
- There's always somebody at the reception desk - c'è sempre qualcuno al ricevimento

- Do you have a shuttle service from/to the airport? - avete un servizio di transfer da/per l'aeroporto?
- Do you have a shuttle service from/to the airport? - avete un servizio di transfer da/per l'aeroporto?
- I would like to pay now - vorrei pagare adesso
- I would like to pay now - vorrei pagare adesso
- Could you please check if I have paid everything? - può controllare se è tutto pagato?
- Could you please check if I have paid everything? - può controllare se è tutto pagato?
- Is there a camping ground? - C'è un campeggio?
- Is there a camping ground? - C'è un campeggio?
- Is there a youth hostel? - C'è un ostello della gioventù?
- Is there a youth hostel? - C'è un ostello della gioventù?
- Is there a motel? - C'è un motel?
- Is there a motel? - C'è un motel?
- Could you recommend an inexpensive hotel? - Potrebbe raccomandarmi un albergo (hotel) economico?
- Could you recommend an inexpensive hotel? - Potrebbe raccomandarmi un albergo (hotel) economico?
- Could you recommend a family-friendly hotel? - Potrebbe raccomandarmi un albergo (hotel) a gestione familiare?
- Could you recommend a family-friendly hotel? - Potrebbe raccomandarmi un albergo (hotel) a gestione familiare?

- Is there a bus stop close to the hotel? - C'è una fermata dell'autobus vicino all'hotel?
- Is there a bus stop close to the hotel? - C'è una fermata dell'autobus vicino all'hotel?

Shopping

- I'm just looking. - Sto solo guardando.
- I'm just looking. - Sto solo guardando.
- That's all. - Basta così.
- That's all. - Basta così.
- Do you need help? - Ha bisogno di aiuto?
- Do you need help? - Ha bisogno di aiuto?
- I'll take… - Prendo…
- I'll take… - Prendo…
- I like it. - Mi piace.
- I like it. - Mi piace.
- I don't like it. - Non mi piace.
- I don't like it. - Non mi piace.
- It's too expensive. - È troppo caro.
- It's too expensive. - È troppo caro.
- It's a gift. - È un regalo.
- It's a gift. - È un regalo.
- Would you like it gift-wrapped? - Vuole la confezione regalo?
- Would you like it gift-wrapped? - Vuole la confezione regalo?
- It's handmade. - È fatto a mano.
- It's handmade. - È fatto a mano.

- How much does it cost per kilo? - Quanto costa al chilo?
- How much does it cost per kilo? - Quanto costa al chilo?
- What are those called? - Quelli come si chiamano?
- What are those called? - Quelli come si chiamano?
- Un etto di… - 100 grams of…
- Un etto di… - 100 grams of…
- I'm a medium. - Sono una taglia media.
- I'm a medium. - Sono una taglia media.
- Do you want to try it on? - Vuole provarlo?
- Do you want to try it on? - Vuole provarlo?
- I'd like to try these on, where are the fitting rooms? - Vorrei provare questi, dove sono i camerini?
- I'd like to try these on, where are the fitting rooms? - Vorrei provare questi, dove sono i camerini?
- It doesn't fit me well. - Non mi sta bene.
- It doesn't fit me well. - Non mi sta bene.
- It's comfortable. - È comodo.
- It's comfortable. - È comodo.
- I would like to exchange this, please. - Vorrei cambiare questo, per favore.
- I would like to exchange this, please. - Vorrei cambiare questo, per favore.
- May I have the receipt, please? - Mi fa lo scontrino, per favore?
- May I have the receipt, please? - Mi fa lo scontrino, per favore?
- Can I please have a bag? - Mi può dare una busta, per favore?

- Can I please have a bag? - Mi può dare una busta, per favore?
- Would it be possible to get a discount? - E' possibile avere uno sconto?
- Would it be possible to get a discount? - E' possibile avere uno sconto?
- What time do you close? - Quando chiudete?
- What time do you close? - Quando chiudete?
- Do you ship? - Potete spedirlo?
- Do you ship? - Potete spedirlo?
- Excuse me, I'm looking for cheese - Mi scusi, sto cercando il formaggio
- Excuse me, I'm looking for cheese - Mi scusi, sto cercando il formaggio
- May I try some of that prosciutto? - Vorrei assaggiare quel prosciutto?
- May I try some of that prosciutto? - Vorrei assaggiare quel prosciutto?
- I would like 300 grams of prosciutto please - Vorrei 300 grammi di prosciutto per favore
- I would like 300 grams of prosciutto please - Vorrei 300 grammi di prosciutto per favore
- Can you add a little bit more? - Me ne può aggiungere un po'?
- Can you add a little bit more? - Me ne può aggiungere un po'?
- What do you have that is organic? - Cosa ha di biologico?
- What do you have that is organic? - Cosa ha di biologico?
- How much do you want for this? - Quanto mi fa pagare?
- How much do you want for this? - Quanto mi fa pagare?

- C'mon, give me a good deal! - Fammi un prezzaccio!
- C'mon, give me a good deal! - Fammi un prezzaccio!
- Rip off - Fregatura
- Rip off - Fregatura
- Vegetable section of the supermarket - reparto frutta e verdura del supermercato
- Vegetable section of the supermarket - reparto frutta e verdura del supermercato
- Which bread is salted? - Quale pane ha il sale?
- Which bread is salted? - Quale pane ha il sale?
- Which bread is unsalted? - Quale pane non ha il sale?
- Which bread is unsalted? - Quale pane non ha il sale?
- Where can I buy (some cheese)? - Dove posso comprare (del formaggio)?
- Where can I buy (some cheese)? - Dove posso comprare (del formaggio)?
- What are those called? - Quelli come si chiamano?
- What are those called? - Quelli come si chiamano?
- What is the cost per kilo? - Quanto costa al chilo?
- What is the cost per kilo? - Quanto costa al chilo?

Conversational Phrases 1

- My name is… - Mi chiamo …

- My name is… - Mi chiamo …
- Nice to meet you! - Piacere!
- Nice to meet you! - Piacere!
- What is this? - Che cos'è questo?
- What is this? - Che cos'è questo?
- Who? - Chi?
- Who? - Chi?
- What? - Cosa?
- What? - Cosa?
- When? - Quando?
- When? - Quando?
- Where? - Dove?
- Where? - Dove?
- Why? - Perché?
- Why? - Perché?
- How? - Come?
- How? - Come?
- How much? - Quanto?
- How much? - Quanto?
- You are very kind - Sei molto gentile
- You are very kind - Sei molto gentile
- The weather is really nice - Il tempo è bellissimo
- The weather is really nice - Il tempo è bellissimo
- How is your day going? - Come va la giornata?
- How is your day going? - Come va la giornata?
- How is your night going? - Come va la serata?
- How is your night going? - Come va la serata?
- Very well, thanks! - Molto bene, grazie!
- Very well, thanks! - Molto bene, grazie!
- I'm feeling great. - Mi sento davvero bene.
- I'm feeling great. - Mi sento davvero bene.
- So-so. - Così così.
- So-so. - Così così.
- I can't complain. - Non mi posso lamentare.

- I can't complain. - Non mi posso lamentare.
- Did you have a good weekend? - Hai passato un buon weekend?
- Did you have a good weekend? - Hai passato un buon weekend?
- No! It was rubbish! - No! Faceva schifo!
- No! It was rubbish! - No! Faceva schifo!
- Where would you like to go? - Dove ti piacerebbe andare?

- Where would you like to go? - Dove ti piacerebbe andare?
- How about going to the cinema? - Cosa ne dici di andare al cinema?
- How about going to the cinema? - Cosa ne dici di andare al cinema?
- I'd like to see a science-fiction movie. - Mi piacerebbe vedere un film di fantascienza.
- I'd like to see a science-fiction movie. - Mi piacerebbe vedere un film di fantascienza.
- I've already seen it. - Io l'ho gia' visto.
- I've already seen it. - Io l'ho gia' visto.
- Is it subtitled in English? - E' sottotitolato in inglese?
- Is it subtitled in English? - E' sottotitolato in inglese?
- When does the film end? - A che ora finisce il film?
- When does the film end? - A che ora finisce il film?
- I'll pay for the tickets. - Paghero' io i biglietti.
- I'll pay for the tickets. - Paghero' io i biglietti.
- Is there an interval? - C'e' un intervallo?
- Is there an interval? - C'e' un intervallo?
- What did you think of the play? - Cosa ne pensi dello spettacolo?
- What did you think of the play? - Cosa ne pensi dello spettacolo?
- Do you like to go sailing? - Ti piace andare in barca a vela?
- Do you like to go sailing? - Ti piace andare in barca a vela?
- I'd prefer to play tennis. - Preferirei giocare a tennis?

- I'd prefer to play tennis. - Preferirei giocare a tennis?
- That would be great! - Sarebbe molto bello!
- That would be great! - Sarebbe molto bello!
- I know what I am talking about - Conosco i miei polli.
- I know what I am talking about - Conosco i miei polli.
- You pop up everywhere. - Sei come il prezzemolo.
- You pop up everywhere. - Sei come il prezzemolo.
- Things don't always turn out as expected. - Non tutte le ciambelle riescono col buco.
- Things don't always turn out as expected. - Non tutte le ciambelle riescono col buco.
- Where can I find the best pizza? - Dove trovo la pizza migliore?
- Where can I find the best pizza? - Dove trovo la pizza migliore?
- Not bad. - Non c'è male.
- Not bad. - Non c'è male.
- Where are you from? - Di dove sei?
- Where are you from? - Di dove sei?
- I'm from the U.S - Sono statunitense
- I'm from the U.S - Sono statunitense
- I had fun in America - mi sono divertito in America
- I had fun in America - mi sono divertito in America
- I am not American - Non sono americano
- I am not American - Non sono americano
- I'm American - Sono americano.

- I'm American - Sono americano.
- Where do you live? - Dove vivi?
- Where do you live? - Dove vivi?
- Did you like it here? - ti piace qui?
- Did you like it here? - ti piace qui?
- Italy is a wonderful country - L'italia è un paese meraviglioso.
- Italy is a wonderful country - L'italia è un paese meraviglioso.
- What do you do for a living? - cosa fai per vivere?
- What do you do for a living? - cosa fai per vivere?
- I like Italian - Mi piace l'italiano.
- I like Italian - Mi piace l'italiano.
- I've been learning Italian for 1 month - Sto imparando l'italiano da un mese.
- I've been learning Italian for 1 month - Sto imparando l'italiano da un mese.
- Oh! That's good! - Grande!
- Oh! That's good! - Grande!
- How old are you? - Quanti anni hai?
- How old are you? - Quanti anni hai?
- I am 27 years old. - Io ho 27 anni.
- I am 27 years old. - Io ho 27 anni.
- I have two sisters. - Io ho due sorelle.
- I have two sisters. - Io ho due sorelle.
- She is older than me. - Ella e' piu' vecchia di me.
- She is older than me. - Ella e' piu' vecchia di me.
- Make yourself at home. - Fa (faccia) come fossi(e) a casa tua(sua).
- Make yourself at home. - Fa (faccia) come fossi(e) a casa tua(sua).
- I have to go - Devo andare

- I have to go - Devo andare
- I will be right back! - Torno subito!
- I will be right back! - Torno subito!
- What time is it? - Che ore sono?
- What time is it? - Che ore sono?
- Excuse me - Mi scusi.
- Excuse me - Mi scusi.
- May I sit here? - Posso sedermi qui?
- May I sit here? - Posso sedermi qui?
- Hopefully we'll see each other again. - Magari ci vediamo di nuovo.
- Hopefully we'll see each other again. - Magari ci vediamo di nuovo.
- Don't mention it - Prego
- Don't mention it - Prego
- Whatever. - Come ti pare.
- Whatever. - Come ti pare.
- It's none of your business. - Non sono affari tuoi.
- It's none of your business. - Non sono affari tuoi.
- I'm upset. - Sono sconvolto.
- I'm upset. - Sono sconvolto.
- You're not listening to me. - Non mi stai ascoltando.
- You're not listening to me. - Non mi stai ascoltando.
- That's enough. - Basta così.
- That's enough. - Basta così.
- Stop it. - Smettila.
- Stop it. - Smettila.
- So what? - E allora?
- So what? - E allora?
- Don't worry - Non ti preoccupare.
- Don't worry - Non ti preoccupare.
- I'm hungry. - Ho fame.

- I'm hungry. - Ho fame.
- I'm thirsty. - Ho sete.
- I'm thirsty. - Ho sete.
- I'm cold - Ho freddo.
- I'm cold - Ho freddo.
- I'm hot. - Ho caldo.
- I'm hot. - Ho caldo.
- I'm bored. - Mi annoio.
- I'm bored. - Mi annoio.
- You're crazy! - È pazzo!
- You're crazy! - È pazzo!
- Bottoms up - alla salute
- Bottoms up - alla salute
- Cheers - cin cin
- Cheers - cin cin
- Hit the road - vada via
- Hit the road - vada via
- Hurry up - muoviti
- Hurry up - muoviti
- Leave me in peace - mi lasce in pace
- Leave me in peace - mi lasce in pace
- Shut up - stai zitto
- Shut up - stai zitto
- Thats fine - va bene
- Thats fine - va bene

- What a pity - che peccato
- What a pity - che peccato
- With pleasure - con piacere
- With pleasure - con piacere
- Wow - caspita
- Wow - caspita
- Can we use the informal? - Possiamo darci del tu?
- Can we use the informal? - Possiamo darci del tu?
- The word isn't coming to me. - Non mi viene (la parola)
- The word isn't coming to me. - Non mi viene (la parola)
- It's not coming to mind. - Non mi viene in mente.
- It's not coming to mind. - Non mi viene in mente.
- It's on the tip of my tongue. - Ce l'ho sulla punta della lingua.
- It's on the tip of my tongue. - Ce l'ho sulla punta della lingua.
- One moment. Let me think. - Un attimo. Fammi pensare.
- One moment. Let me think. - Un attimo. Fammi pensare.

- Are you following the conversation? - Riesce a seguire la conversazione?
- Are you following the conversation? - Riesce a seguire la conversazione?
- Would you prefer it if we met in town? - Preferisci che ci incontriamo in centro?
- Would you prefer it if we met in town? - Preferisci che ci incontriamo in centro?
- Would you prefer it if we met at the restaurant? - Preferisce che ci troviamo al ristorante?
- Would you prefer it if we met at the restaurant? - Preferisce che ci troviamo al ristorante?
- Is it better to invite his wife as well? - È meglio invitare anche sua moglie?
- Is it better to invite his wife as well? - È meglio invitare anche sua moglie?
- Is it better to ring you in the evening? - È meglio se ti chiamo di sera?
- Is it better to ring you in the evening? - È meglio se ti chiamo di sera?
- Is it better to let you know before we drop in? - È meglio se l'avvisiamo prima di venire?
- Is it better to let you know before we drop in? - È meglio se l'avvisiamo prima di venire?

- Are we agreed? - Siamo d'accordo?
- Are we agreed? - Siamo d'accordo?
- I don't agree with this decision - Non condivido questa decisione
- I don't agree with this decision - Non condivido questa decisione
- I think Maria is wrong - Per me Maria ha torto
- I think Maria is wrong - Per me Maria ha torto
- We could meet another time - Ci si potrebbe incontrare un'altra volta
- We could meet another time - Ci si potrebbe incontrare un'altra volta
- How about asking them round for dinner? - E se li invitassimo a cena?
- How about asking them round for dinner? - E se li invitassimo a cena?
- All joking aside - A parte gli scherzi
- All joking aside - A parte gli scherzi
- Sure. - Certamente
- Sure. - Certamente

Conversational Phrases 2

- Really? - Davvero?

- Really? - Davvero?
- I forgot. - Mi sono dimenticato.
- I forgot. - Mi sono dimenticato.
- Now I remember. - Ora ricordo
- Now I remember. - Ora ricordo
- I have a question. - Ho una domanda.
- I have a question. - Ho una domanda.
- It was nice talking to you! - Mi ha fatto piacere parlare con te!
- It was nice talking to you! - Mi ha fatto piacere parlare con te!
- This is my wife - Questa è mia moglie
- This is my wife - Questa è mia moglie
- This is my husband - Questo è mio marito
- This is my husband - Questo è mio marito
- This is my son - Ti presento mio figlio
- This is my son - Ti presento mio figlio
- This is my daughter - Ti presento mia figlia
- This is my daughter - Ti presento mia figlia
- I'm here with a group - Sono venuto qui con un grupo
- I'm here with a group - Sono venuto qui con un grupo
- I'm retired - Sono in pensione

- I'm retired - Sono in pensione
- I'm here on business - Sono qui per lavoro
- I'm here on business - Sono qui per lavoro
- Can I see a football match? - Posso vedere una partita di calcio?
- Can I see a football match? - Posso vedere una partita di calcio?
- Who is playing? - Chi gioca?
- Who is playing? - Chi gioca?
- He's a great player - È un grande giocatore
- He's a great player - È un grande giocatore
- I agree with you - Sono d'accordo con lei
- I agree with you - Sono d'accordo con lei
- I have an accent - Ho un certo accento
- I have an accent - Ho un certo accento
- What have you been up to? - Che cosa hai fatto ultimamente?
- What have you been up to? - Che cosa hai fatto ultimamente?
- I've been very busy - Sono stato molto occupato
- I've been very busy - Sono stato molto occupato
- Do you have any plans for the summer? - Hai dei programmi per questa estate?

- Do you have any plans for the summer? - Hai dei programmi per questa estate?
- That's cool - Che figo
- That's cool - Che figo
- So, well or therefore - allora
- So, well or therefore - allora
- Oh my gosh! - Mamma mia
- Oh my gosh! - Mamma mia
- Happy anniversary - Felice anniversario
- Happy anniversary - Felice anniversario
- Do you have Italian friends? - Hai amici italiani?
- Do you have Italian friends? - Hai amici italiani?
- I get up at half past seven - Mi alzo alle sette e mezza.
- I get up at half past seven - Mi alzo alle sette e mezza.
- I start to work at quarter past nine. - Inizio a lavorare alle nove e un quarto.
- I start to work at quarter past nine. - Inizio a lavorare alle nove e un quarto.
- Do fancy going to the cinema tomorrow night? - Hai voglia di andare al cinema domani sera?
- Do fancy going to the cinema tomorrow night? - Hai voglia di andare al cinema domani sera?

- I can't wait to go on holiday. - Non vedo l'ora di andare in vacanza.
- I can't wait to go on holiday. - Non vedo l'ora di andare in vacanza.
- What kind of music do you like? - Che tipo di musica ti piace?
- What kind of music do you like? - Che tipo di musica ti piace?
- I had a lot of fun! - Mi sono divertito un sacco!
- I had a lot of fun! - Mi sono divertito un sacco!
- I want to improve my level in italian - Voglio migliorare il mio livello di italiano
- I want to improve my level in italian - Voglio migliorare il mio livello di italiano
- I need to practice italian - Ho bisogno di esercitare il mio italiano
- I need to practice italian - Ho bisogno di esercitare il mio italiano
- Can you help me to learn italian? - Potresti aiutarmi ad imparare l'italiano?
- Can you help me to learn italian? - Potresti aiutarmi ad imparare l'italiano?
- Do you have time to speak with me? - Hai tempo per parlare un po' con me?

- Do you have time to speak with me? - Hai tempo per parlare un po' con me?
- Can you please speak in italian? it helps me to learn. - Potresti parlare in italiano? Mi aiuta ad impararlo meglio
- Can you please speak in italian? it helps me to learn. - Potresti parlare in italiano? Mi aiuta ad impararlo meglio
- Are things always this difficult in Italy? - Ma le cose sono sempre così complicate in Italia?
- Are things always this difficult in Italy? - Ma le cose sono sempre così complicate in Italia?
- Why can't anyone just give me a straight answer? - Perchè nessuno riesce a darmi una semplice risposta?
- Why can't anyone just give me a straight answer? - Perchè nessuno riesce a darmi una semplice risposta?
- That makes sense. - Ha senso.
- That makes sense. - Ha senso.
- Ever since - Da sempre
- Ever since - Da sempre
- Then - Poi
- Then - Poi

- Instead - Invece
- Instead - Invece
- In the future - In futuro
- In the future - In futuro
- However - tuttavia
- However - tuttavia
- Furthermore - Inoltre
- Furthermore - Inoltre
- In my opinion - da parte mia
- In my opinion - da parte mia
- From now on - D'ora in poi
- From now on - D'ora in poi
- To play dumb - Fare il finto tonto
- To play dumb - Fare il finto tonto
- It's a matter of opinion… - è una questione d'opinione...
- It's a matter of opinion… - è una questione d'opinione...
- I agree wholeheartedly… - sono assolutamente d'accordo...
- I agree wholeheartedly… - sono assolutamente d'accordo...
- The opposite is true… - è vero il contrario...
- The opposite is true… - è vero il contrario...

- The present state of affairs is worrying - le circostanze attuali sono inquietanti
- The present state of affairs is worrying - le circostanze attuali sono inquietanti
- That speaks volumes about .. - questo sta a dimostrare che
- That speaks volumes about .. - questo sta a dimostrare che
- There's much to be said on both sides… - c'è molto da dire in favore dell'una e dell'altra parte…
- There's much to be said on both sides… - c'è molto da dire in favore dell'una e dell'altra parte…
- I disagree - non sono d'accordo …
- I disagree - non sono d'accordo …
- On the other hand… - dall'altro canto ...
- On the other hand… - dall'altro canto ...
- There's no sound basis for the argument.. - non c'è una base logica per questa affermazione ….
- There's no sound basis for the argument.. - non c'è una base logica per questa affermazione ….
- It's a policy doomed to failure… - è una politica destinata al fallimento…

- It's a policy doomed to failure… - è una politica destinata al fallimento…
- It's an outdated approach - è un approccio datato
- it's an outdated approach - è un approccio datato
- I see no prospect of success - non vedo possibilità di riuscita
- I see no prospect of success - non vedo possibilità di riuscita
- There's a big problem - c'è un grande problema
- There's a big problem - c'è un grande problema
- We can see that.. - si vede che
- We can see that.. - si vede che
- Let's not forget that.. - non dimentichiamo che
- Let's not forget that.. - non dimentichiamo che
- Another difficulty arises - ci sorge un'altra difficoltà
- Another difficulty arises - ci sorge un'altra difficoltà
- Some stumbling blocks remain - gli ostacoli rimangono
- Some stumbling blocks remain - gli ostacoli rimangono

- To say nothing of ... - per non parlare di
- To say nothing of ... - per non parlare di
- It's not surprising that.. - non è sorprendente che
- It's not surprising that.. - non è sorprendente che
- It goes without saying that.. - va da sé che
- It goes without saying that.. - va da sé che
- The last resort - l'ultimo espediente
- The last resort - l'ultimo espediente
- All things considered - Tutto considerato
- All things considered - Tutto considerato
- Rumor has it - Gira voce che
- Rumor has it - Gira voce che
- As soon as possible - Al più presto
- As soon as possible - Al più presto
- Don't leave me hanging - Non tenermi sulle spine
- Don't leave me hanging - Non tenermi sulle spine
- Don't go out of your way - È troppo disturbo
- Don't go out of your way - È troppo disturbo
- Bear in mind that ... - Tieni presente che
- Bear in mind that ... - Tieni presente che
- To pull an all-nighter - Passare la notte in bianco
- To pull an all-nighter - Passare la notte in bianco
- To turn the light on - Accendere la luce
- To turn the light on - Accendere la luce
- To turn the light off - Spegnere la luce

- To turn the light off - Spegnere la luce
- I've got my eye on you - Ti tengo gli occhi addosso
- I've got my eye on you - Ti tengo gli occhi addosso
- The fact is that - Sta di fatto che
- The fact is that - Sta di fatto che
- That's all there is to it - Non c'è che dire
- That's all there is to it - Non c'è che dire
- Say hi to him for me - Salutalo da parte mia
- Say hi to him for me - Salutalo da parte mia
- The moral of the story - La morale della favola
- The moral of the story - La morale della favola
- It doesn't hurt to try - Tentar non nuoce
- It doesn't hurt to try - Tentar non nuoce
- How did you meet each other? - Come vi siete conosciuti?
- How did you meet each other? - Come vi siete conosciuti?
- Out of the loop - Fuori dal giro
- Out of the loop - Fuori dal giro
- What do you want me to do? - Cosa vuoi che faccia?
- What do you want me to do? - Cosa vuoi che faccia?
- It makes me emotional - Mi rende sentimentale
- It makes me emotional - Mi rende sentimentale
- You make everything difficult - Rendi tutto difficile
- You make everything difficult - Rendi tutto difficile

- You make everything easy - Rendi tutto più facile
- You make everything easy - Rendi tutto più facile
- It makes me wonder - Viene da chiedermi
- It makes me wonder - Viene da chiedermi
- It makes me hungry - Mi fa venire fame
- It makes me hungry - Mi fa venire fame
- To be able to hack it - Farcela
- To be able to hack it - Farcela
- By trial and error - A furia di tentare
- By trial and error - A furia di tentare
- I'm used to it - Ci sono abituato
- I'm used to it - Ci sono abituato
- Do me a favor - Fammi un favore
- Do me a favor - Fammi un favore
- On closer inspection - A ben vedere
- On closer inspection - A ben vedere
- To have better things to do - Avere di meglio da fare
- To have better things to do - Avere di meglio da fare
- Middle ground - Una via di mezzo
- Middle ground - Una via di mezzo

Conversational Phrases 3

- In worst-case scenario ... - Male che vada, ...
- In worst-case scenario ... - Male che vada, ...
- It annoys me a little bit - Mi dà un po' fastidio

- It annoys me a little bit - Mi dà un po' fastidio
- It really makes my blood boil - Mi fa proprio girare le scatole
- It really makes my blood boil - Mi fa proprio girare le scatole
- Fasten your seat-belts! - Allacciate le cinture!
- Fasten your seat-belts! - Allacciate le cinture!
- Calm down - Vacci piano
- Calm down - Vacci piano
- All over the place - Da tutte le parti
- All over the place - Da tutte le parti
- Not even in dreams - Neanche per sogno
- Not even in dreams - Neanche per sogno
- Something came up - C'è stato un imprevisto
- Something came up - C'è stato un imprevisto
- None of your business - Non sono fatti tuoi
- None of your business - Non sono fatti tuoi
- Every little bit helps - Tutto fa brodo
- Every little bit helps - Tutto fa brodo
- To fill in the blanks - Fare da tappabuchi
- To fill in the blanks - Fare da tappabuchi
- You look great tonight - Sei splendida stasera
- You look great tonight - Sei splendida stasera
- My Russian's a bit rusty - Il mio russo è un po' arrugginito
- My Russian's a bit rusty - Il mio russo è un po' arrugginito
- They totally fell for it - Ci sono cascati in pieno

- They totally fell for it - Ci sono cascati in pieno
- She gave him the evil eye - Gli ha fatto il malocchio
- She gave him the evil eye - Gli ha fatto il malocchio
- If you want something done right, do it yourself - Chi fa da sé fa per tre
- If you want something done right, do it yourself - Chi fa da sé fa per tre
- We are halfway through - Siamo a metà strada
- We are halfway through - Siamo a metà strada
- Roll the dice - Tira i dadi
- Roll the dice - Tira i dadi
- Should I bring the umbrella? - Dovrei portare l'ombrello dietro?
- Should I bring the umbrella? - Dovrei portare l'ombrello dietro?
- You'll see when you have one of your own - Lo vedrai, quando ne avrai uno tuo
- You'll see when you have one of your own - Lo vedrai, quando ne avrai uno tuo
- In hindsight - Col senno di poi
- In hindsight - Col senno di poi
- We'll keep you posted - Vi terremo aggiornati
- We'll keep you posted - Vi terremo aggiornati
- If I were in your shoes - Se fossi nei tuoi panni
- If I were in your shoes - Se fossi nei tuoi panni
- Get a grip - Torna in te

- Get a grip - Torna in te
- Life goes on - La vita va avanti
- Life goes on - La vita va avanti
- Every step of the way - Ogni passo
- Every step of the way - Ogni passo
- At the top of one's lungs - A squarciagola
- At the top of one's lungs - A squarciagola
- My lips are sealed - Ho la bocca cucita
- My lips are sealed - Ho la bocca cucita
- Bittersweet - Agrodolce
- Bittersweet - Agrodolce
- The signal is bad - C'è poco segnale
- The signal is bad - C'è poco segnale
- Imagine that! - Figurati!
- Imagine that! - Figurati!
- Your message confused me - Il tuo messaggio mi ha confuso
- Your message confused me - Il tuo messaggio mi ha confuso
- Step by step - Passo dopo passo
- Step by step - Passo dopo passo
- Scarred for life - Marchiato a vita
- Scarred for life - Marchiato a vita
- 9 times out of 10 - Nove volte su dieci
- 9 times out of 10 - Nove volte su dieci
- Show us what you're capable of - Facci vedere di cosa sei capace

- Show us what you're capable of - Facci vedere di cosa sei capace
- All roads lead to Rome - Tutte le strade portano a Roma.
- All roads lead to Rome - Tutte le strade portano a Roma.
- You have a way with words - Ci sai fare con le parole
- You have a way with words - Ci sai fare con le parole
- Really?! No way!! - Addirittura!?
- Really?! No way!! - Addirittura!?
- I have to blow my nose - Devo soffiarmi il naso
- I have to blow my nose - Devo soffiarmi il naso
- Out of the ordinary - Fuori dalla norma
- Out of the ordinary - Fuori dalla norma
- It works like a charm - Funziona alla grande
- It works like a charm - Funziona alla grande
- I'm in seventh heaven - Sono al settimo cielo
- I'm in seventh heaven - Sono al settimo cielo
- Keep a low profile! - Non dare nell'occhio!
- Keep a low profile! - Non dare nell'occhio!
- Don't be a sore loser! - Smettila di rosicare!
- Don't be a sore loser! - Smettila di rosicare!
- No pain, no gain - Chi non risica, non rosica
- No pain, no gain - Chi non risica, non rosica
- With all due respect - Con tutto il dovuto rispetto
- With all due respect - Con tutto il dovuto rispetto

- A matter of necessity - Una questione di necessità
- A matter of necessity - Una questione di necessità
- Less and less - Sempre meno
- Less and less - Sempre meno
- More and more - Sempre più
- More and more - Sempre più
- A clean slate - Un colpo di spugna
- A clean slate - Un colpo di spugna
- First come, first served - Chi prima arriva meglio alloggia
- First come, first served - Chi prima arriva meglio alloggia
- I reap the reward - Ne traggo beneficio
- I reap the reward - Ne traggo beneficio
- Cross your fingers! - Incrocia le dita
- Cross your fingers! - Incrocia le dita
- It exceeded our wildest expectations - Ha superato le nostre più audaci aspettative
- It exceeded our wildest expectations - Ha superato le nostre più audaci aspettative
- Loud and clear - Chiaro e tondo
- Loud and clear - Chiaro e tondo
- Are you out of your mind? - Ti ha dato di volta il cervello?
- Are you out of your mind? - Ti ha dato di volta il cervello?

- You don't know until you try - Non sai finché non provi
- You don't know until you try - Non sai finché non provi
- It's not what I'm used to - Non è quello a cui sono abituato
- It's not what I'm used to - Non è quello a cui sono abituato
- I missed the chance - Ho perso l'occasione
- I missed the chance - Ho perso l'occasione
- It was the least I could do. - Era il minimo che potessi fare
- It was the least I could do. - Era il minimo che potessi fare
- Gimme a high five - Batti il cinque
- Gimme a high five - Batti il cinque
- More or less - A occhio e croce
- More or less - A occhio e croce
- Sorry I got carried away - Scusate, mi sono fatto trascinare
- Sorry I got carried away - Scusate, mi sono fatto trascinare
- There's a strike scheduled - È previsto uno sciopero
- There's a strike scheduled - È previsto uno sciopero
- Get it over with! - Falla finita
- Get it over with! - Falla finita

- You deserve it - Tu te lo meriti
- You deserve it - Tu te lo meriti
- Ditto - Idem
- Ditto - Idem
- No ifs, ands, or buts - Senza se e senza ma
- No ifs, ands, or buts - Senza se e senza ma
- Don't take it the wrong way - Non prenderla male
- Don't take it the wrong way - Non prenderla male
- There's something that doesn't add up - C'è qualcosa che non quadra
- There's something that doesn't add up - C'è qualcosa che non quadra
- I lost track of time - Ho perso la cognizione del tempo
- I lost track of time - Ho perso la cognizione del tempo
- To each his own - A ciascuno il suo
- To each his own - A ciascuno il suo
- For what it's worth - Per quel che vale
- For what it's worth - Per quel che vale
- It slipped my mind - Mi è sfuggita di mente
- It slipped my mind - Mi è sfuggita di mente
- In your neck of the woods - Nella tua zona
- In your neck of the woods - Nella tua zona
- We barely talk - Ci parliamo a malapena
- We barely talk - Ci parliamo a malapena

- I barely know her - A malapena la conosco
- I barely know her - A malapena la conosco
- To cut a long story short - Per farla breve
- To cut a long story short - Per farla breve
- Off the top of my head - Così su due piedi
- Off the top of my head - Così su due piedi
- I've got your back - Ci sono qua io
- I've got your back - Ci sono qua io
- The life of the party - L'anima della festa
- The life of the party - L'anima della festa
- Been there done that - Già visto già fatto
- Been there done that - Già visto già fatto
- For all intents and purposes - A tutti gli effetti
- For all intents and purposes - A tutti gli effetti
- It could come in handy - Potrebbe tornare utile
- It could come in handy - Potrebbe tornare utile
- The impression I get … - L'impressione che riporto …
- The impression I get … - L'impressione che riporto …
- Desperate times call for desperate measures - Mali estremi, estremi rimedi
- Desperate times call for desperate measures - Mali estremi, estremi rimedi
- You deserve each other - Vi meritate a vicenda
- You deserve each other - Vi meritate a vicenda
- I don't want to hold you up - Non voglio trattenerti

- I don't want to hold you up - Non voglio trattenerti
- You're such a klutz - Sei un tale imbranato
- You're such a klutz - Sei un tale imbranato
- I'm such a ditz - Sono una tale svampita
- I'm such a ditz - Sono una tale svampita
- It's just a fad - È solo una moda passeggera
- It's just a fad - È solo una moda passeggera
- It's an acquired taste - È un gusto acquisito
- It's an acquired taste - È un gusto acquisito
- Eat your heart out! - Prendi e porta a casa!
- Eat your heart out! - Prendi e porta a casa!
- Come rain or shine - Che piova o tiri vento
- Come rain or shine - Che piova o tiri vento
- I have to double-check - Devo ricontrollare
- I have to double-check - Devo ricontrollare
- What doesn't kill you makes you stronger - Ciò che non ti uccide ti rende più forte
- What doesn't kill you makes you stronger - Ciò che non ti uccide ti rende più forte
- Is it just me or is getting hot in here? - Mi sbaglio o comincia a far caldo?
- Is it just me or is getting hot in here? - Mi sbaglio o comincia a far caldo?
- It's getting more serious - Si fa più seria
- It's getting more serious - Si fa più seria
- Imagine if you could ... - Pensa se si potesse ...
- Imagine if you could ... - Pensa se si potesse ...

- Time will tell - Il tempo lo dirà
- Time will tell - Il tempo lo dirà

Conversational Phrases 4

- It never lives up to my expectations - Non è mai all'altezza di quello che mi aspetto
- It never lives up to my expectations - Non è mai all'altezza di quello che mi aspetto
- I wasn't born yesterday - Non sono nato ieri
- I wasn't born yesterday - Non sono nato ieri
- Don't roll your eyes at me! - Non alzare gli occhi al cielo con me!
- Don't roll your eyes at me! - Non alzare gli occhi al cielo con me!
- You'll get used to it - Ti ci abituerai
- You'll get used to it - Ti ci abituerai
- Are you ticklish? - Soffri il solletico?
- Are you ticklish? - Soffri il solletico?
- That tickles! - Fa il solletico!
- That tickles! - Fa il solletico!
- Stay in touch - Fatti sentire
- Stay in touch - Fatti sentire
- Time is running out - Ormai c'è poco tempo
- Time is running out - Ormai c'è poco tempo
- I would've come if I had known - Sarei venuto se lo avessi saputo

- I would've come if I had known - Sarei venuto se lo avessi saputo
- It must've cost you an arm and a leg - Vi sarà costato un botto
- It must've cost you an arm and a leg - Vi sarà costato un botto
- Will you visit us? - Voi verrete a trovarci?
- Will you visit us? - Voi verrete a trovarci?
- Go ahead of me, if you want - Passate pure, se volete
- Go ahead of me, if you want - Passate pure, se volete
- Feel free - Sentitevi liberi
- Feel free - Sentitevi liberi
- Are you on good terms? - Siete in buoni rapporti?
- Are you on good terms? - Siete in buoni rapporti?
- I felt like I didn't belong - Mi sentivo un estraneo
- I felt like I didn't belong - Mi sentivo un estraneo
- I felt something move - Ho sentito qualcosa che si muoveva
- I felt something move - Ho sentito qualcosa che si muoveva
- Did you stay up late last night - Sei stata sveglia fino a tardi ieri sera
- Did you stay up late last night - Sei stata sveglia fino a tardi ieri sera
- I ran into Paolo the other day - Ho beccato Paolo l'altro giorno

- I ran into Paolo the other day - Ho beccato Paolo l'altro giorno
- Sorry, I didn't realize you were in line - Scusate, non mi sono reso contro che eravate in fila
- Sorry, I didn't realize you were in line - Scusate, non mi sono reso contro che eravate in fila
- The third time's a charm - La terza sarà la volta buona
- The third time's a charm - La terza sarà la volta buona
- Your fly is down. - Hai la cerniera abbassata
- Your fly is down. - Hai la cerniera abbassata
- Your shoes are untied - Hai le scarpe slacciate
- Your shoes are untied - Hai le scarpe slacciate
- All I have are 5 euros - Non ho che 5 euro
- All I have are 5 euros - Non ho che 5 euro
- My mind keeps wandering - La mia mente continua a divagare
- My mind keeps wandering - La mia mente continua a divagare
- How long have you been attending the University of Bologna? - Da quanto frequentate l'Università di Bologna
- How long have you been attending the University of Bologna? - Da quanto frequentate l'Università di Bologna
- I'll take that as a compliment - Lo considero un complimento

- I'll take that as a compliment - Lo considero un complimento
- I have to run an errand - Devo sbrigare una commissione
- I have to run an errand - Devo sbrigare una commissione
- Hard work always pays off - Lavorare sodo ripaga sempre
- Hard work always pays off - Lavorare sodo ripaga sempre
- I'll figure it out - Vedrò cosa fare
- I'll figure it out - Vedrò cosa fare
- Let me get out of your way - Ora mi tolgo di mezzo
- Let me get out of your way - Ora mi tolgo di mezzo
- He has an agenda - Lui ha un secondo fine
- He has an agenda - Lui ha un secondo fine
- There's a 10% chance that … - C'è una probabilità del 10 percento che …
- There's a 10% chance that … - C'è una probabilità del 10 percento che …
- For better or worse - Bene o male
- For better or worse - Bene o male
- Actions speak louder than words - I fatti parlano più delle parole
- Actions speak louder than words - I fatti parlano più delle parole

- I knew I would like you guys - Sapevo che voi mi sareste piaciuti
- I knew I would like you guys - Sapevo che voi mi sareste piaciuti
- They told us they would cook dinner - C'hanno detto che avrebbero cucinato la cena
- They told us they would cook dinner - C'hanno detto che avrebbero cucinato la cena
- Hurrah! - Evviva!
- Hurrah! - Evviva!
- The last straw - L'ultima goccia
- The last straw - L'ultima goccia
- And they lived happily ever afer - E vissero tutti felici e contenti
- And they lived happily ever afer - E vissero tutti felici e contenti
- Last but not least - Ultimo ma non meno importante
- Last but not least - Ultimo ma non meno importante
- Don't hold it against me - Non volermene
- Don't hold it against me - Non volermene
- As you see fit - Come meglio credi
- As you see fit - Come meglio credi
- Tell me a bit about yourself - Mi parli un po' di lei
- Tell me a bit about yourself - Mi parli un po' di lei
- Tell me about your new boyfriend - Parlami del tuo nuovo ragazzo

- Tell me about your new boyfriend - Parlami del tuo nuovo ragazzo
- Are you free tomorrow? - sei libero domani?
- Are you free tomorrow? - sei libero domani?
- Are they still together? - stanno ancora insieme?
- Are they still together? - stanno ancora insieme?
- Either you love it or you hate it - o lo ami o lo odi
- Either you love it or you hate it - o lo ami o lo odi
- Don't jinx it - non gufare
- Don't jinx it - non gufare
- Tough luck! - che sfortuna!
- Tough luck! - che sfortuna!
- It's necessary that - bisogna che
- It's necessary that - bisogna che
- It's good that - è bene che
- It's good that - è bene che
- It's understandable that - è comprensibile che
- It's understandable that - è comprensibile che
- It's unlikely that - è difficile che
- It's unlikely that - è difficile che
- My favorite occupation is... - La mia occupazione preferita è....
- My favorite occupation is... - La mia occupazione preferita è....
- What do you like doing best? - Che cosa ti piace fare di più?
- What do you like doing best? - Che cosa ti piace fare di più?

- What do you do in your free time? - Che cosa fai nel tempo libero?
- What do you do in your free time? - Che cosa fai nel tempo libero?
- I like singing. - Mi piace cantare.
- I like singing. - Mi piace cantare.
- I like cooking. - Mi piace cucinare.
- I like cooking. - Mi piace cucinare.
- I like playing soccer. - Mi piace giocare a calcio.
- I like playing soccer. - Mi piace giocare a calcio.
- I like playing basketball. - Mi piace giocare a pallacanestro.
- I like playing basketball. - Mi piace giocare a pallacanestro.
- I like listening to music. - Mi piace ascoltare musica.
- I like listening to music. - Mi piace ascoltare musica.
- I like reading. - Mi piace leggere.
- I like reading. - Mi piace leggere.
- I like surfing the net. - Mi piace navigare in internet.
- I like surfing the net. - Mi piace navigare in internet.
- I like scuba diving - Mi piace fare immersioni.
- I like scuba diving - Mi piace fare immersioni.
- I like to relax. - Mi piace rilassarmi.
- I like to relax. - Mi piace rilassarmi.

- I like dancing. - Mi piace ballare.
- I like dancing. - Mi piace ballare.
- Let's go cycling, it's a beautiful day! - Andiamo in bicicletta, è una bella giornata!
- Let's go cycling, it's a beautiful day! - Andiamo in bicicletta, è una bella giornata!
- We are going to play football - Andiamo a giocare a calcio
- We are going to play football - Andiamo a giocare a calcio
- When are you going swimming? - Quando vai a nuotare?
- When are you going swimming? - Quando vai a nuotare?
- Pass the ball! - Passa la palla!
- Pass the ball! - Passa la palla!
- Bad move! - Mossa sbagliata!
- Bad move! - Mossa sbagliata!
- Can't believe you missed that! - Non posso credere che tu lo abbia sbagliato!
- Can't believe you missed that! - Non posso credere che tu lo abbia sbagliato!
- I'm really mad/pissed off - Sono incazzato/a nero
- I'm really mad/pissed off - Sono incazzato/a nero
- I lost my cell phone and I'm really mad! - Ho perso il mio cellulare, sono incazzato nero!

- I lost my cell phone and I'm really mad! - Ho perso il mio cellulare, sono incazzato nero!
- To make fun of - Prendere in giro
- To make fun of - Prendere in giro
- Only a few people - In quattro gatti
- Only a few people - In quattro gatti
- I couldn't care less - Me ne frega
- I couldn't care less - Me ne frega
- I'm a loner - Sono solo come un cane
- I'm a loner - Sono solo come un cane
- Almost never happens - Ogni morte di papa
- Almost never happens - Ogni morte di papa
- He's very rich - E' un ricco sfondato
- He's very rich - E' un ricco sfondato

Talking About the Weather

- In the afternoon, the weather will change. - Nel pomeriggio, il tempo cambierà.
- In the afternoon, the weather will change. - Nel pomeriggio, il tempo cambierà.
- The family is enjoying the fine weather. - La famiglia si sta godendo il bel tempo.
- The family is enjoying the fine weather. - La famiglia si sta godendo il bel tempo.

- Today's weather is sunny with occasional clouds. - Il tempo di oggi è sereno con nuvole sporadiche.
- Today's weather is sunny with occasional clouds. - Il tempo di oggi è sereno con nuvole sporadiche.
- Check the weather report - controllare le previsioni del tempo
- Check the weather report - controllare le previsioni del tempo
- Tomorrow's weather forecast - previsioni del tempo per domani
- Tomorrow's weather forecast - previsioni del tempo per domani
- Put on your jacket, because it's cold outside. - Mettiti la giacca, perché fuori fa freddo.
- Put on your jacket, because it's cold outside. - Mettiti la giacca, perché fuori fa freddo.
- Today it is very hot. - Oggi fa molto caldo.
- Today it is very hot. - Oggi fa molto caldo.
- It's raining now. - Sta piovendo adesso.
- It's raining now. - Sta piovendo adesso.
- It's snowing today. - Sta nevicando oggi.
- It's snowing today. - Sta nevicando oggi.
- It was snowing yesterday evening. - Nevicava ieri sera.
- It was snowing yesterday evening. - Nevicava ieri sera.

- It was raining during the weekend. - Ha piovuto durante il fine settimana.
- It was raining during the weekend. - Ha piovuto durante il fine settimana.
- What's the weather like? - Che tempo fa?
- What's the weather like? - Che tempo fa?
- It's beautiful weather. - Fa bel tempo.
- It's beautiful weather. - Fa bel tempo.
- It's bad weather. - Fa brutto tempo.
- It's bad weather. - Fa brutto tempo.
- There is humidity. - C'è umidità.
- There is humidity. - C'è umidità.
- It's sunny. - È soleggiato.
- It's sunny. - È soleggiato.
- There are clouds. - Ci sono le nuvole.
- There are clouds. - Ci sono le nuvole.
- There is a storm. - C'è il temporale.
- There is a storm. - C'è il temporale.

Religion

- Thanks be to God - Grazie a Dio
- Thanks be to God - Grazie a Dio
- For God so loved the world - Poichè Dio ha tanto amato il mondo

- For God so loved the world - Poichè Dio ha tanto amato il mondo
- The Lord's Prayer - Il Padre nostro
- The Lord's Prayer - Il Padre nostro
- Immortality of the soul - Immortalità dell'anima
- Immortality of the soul - Immortalità dell'anima
- Near-death experience - Esperienza di pre-morte
- Near-death experience - Esperienza di pre-morte
- I praise - Io lodo
- I praise - Io lodo
- Stand up - Alzatevi
- Stand up - Alzatevi
- Let us pray - Preghiamo
- Let us pray - Preghiamo
- I set free - Io libero
- I set free - Io libero
- He has the patience of Job - Ha la pazienza di Giobbe
- He has the patience of Job - Ha la pazienza di Giobbe
- To come as no revelation - Venire come nessuna rivelazione
- To come as no revelation - Venire come nessuna rivelazione
- The Son of Man - Il Figlio dell'uomo
- The Son of Man - Il Figlio dell'uomo

- To lay down one's life - Deporre la propria vita
- To lay down one's life - Deporre la propria vita
- In the likeness of man - A somiglianza dell'uomo
- In the likeness of man - A somiglianza dell'uomo
- Our Father in heaven - Padre nostro che sei nei cieli
- Our Father in heaven - Padre nostro che sei nei cieli
- For my sake - Per amor mio
- For my sake - Per amor mio
- He restores my soul - Mi ristora l'anima
- He restores my soul - Mi ristora l'anima

Expressions

- Actions speak louder than words. - I fatti parlano più delle parole.
- Actions speak louder than words. - I fatti parlano più delle parole.
- It's raining cats and dogs - Piove a catinelle
- It's raining cats and dogs - Piove a catinelle
- To go against the grain - Andare controcorrente
- To go against the grain - Andare controcorrente

- Your hands are as cold as ice - Hai le mani fredde come il ghiaccio
- Your hands are as cold as ice - Hai le mani fredde come il ghiaccio
- Out of thin air - Fuori dal nulla
- Out of thin air - Fuori dal nulla
- No strings attached - Senza vincoli
- No strings attached - Senza vincoli
- Take it with a grain of salt - Prendilo con le pinze
- Take it with a grain of salt - Prendilo con le pinze
- When the going gets tough, the tough get going - Quando il gioco si fa duro, i duri iniziano a giocare
- When the going gets tough, the tough get going - Quando il gioco si fa duro, i duri iniziano a giocare
- Like two peas in a pod - Come due gocce d'acqua
- Like two peas in a pod - Come due gocce d'acqua
- To have your cake and eat it too - Avere la botte piena e la moglie ubriaca
- To have your cake and eat it too - Avere la botte piena e la moglie ubriaca

- Win win situation - Situazione vantaggiosa per tutti
- Win win situation - Situazione vantaggiosa per tutti
- To chicken out - Farsela sotto
- To chicken out - Farsela sotto
- To spill the beans - Vuotare il sacco
- To spill the beans - Vuotare il sacco
- That hit a nerve - Ha toccato un nervo scoperto
- That hit a nerve - Ha toccato un nervo scoperto
- To strike while the iron is hot - Battere il ferro finché è caldo
- To strike while the iron is hot - Battere il ferro finché è caldo
- Between a rock and a hard place - Tra l'incudine e il martello
- Between a rock and a hard place - Tra l'incudine e il martello
- The icing on the cake - La ciliegina sulla torta
- The icing on the cake - La ciliegina sulla torta
- What goes around comes around - Chi la fa l'aspetti
- What goes around comes around - Chi la fa l'aspetti
- Breath taking - Da togliere il fiato
- Breath taking - Da togliere il fiato
- Out of the blue - All'improvviso
- Out of the blue - All'improvviso
- this is driving me round the bend - mi sta facendo perdere la pazienza

- this is driving me round the bend - mi sta facendo perdere la pazienza
- it's a catch-22 - è un cane che si morde la coda
- it's a catch-22 - è un cane che si morde la coda
- I'm banging my head against a brick wall - sto sbattendo la testa contro un muro di gomma
- I'm banging my head against a brick wall - sto sbattendo la testa contro un muro di gomma
- It spread like wildfire - Si è diffuso in un baleno
- It spread like wildfire - Si è diffuso in un baleno
- Out of this world - Dell'altro mondo
- Out of this world - Dell'altro mondo
- To hit the nail on the head - Cogliere nel segno
- To hit the nail on the head - Cogliere nel segno
- Add insult to injury. - Oltre al danno, anche la beffa!
- Add insult to injury. - Oltre al danno, anche la beffa!
- Being the Devil's advocate. - Fare l'avvocato del Diavolo.
- Being the Devil's advocate. - Fare l'avvocato del Diavolo.
- Bite off more than you can chew. - Avere gli occhi più grandi dello stomaco.
- Bite off more than you can chew. - Avere gli occhi più grandi dello stomaco.

- Blow off steam. - Calmare i bollenti spiriti.
- Blow off steam. - Calmare i bollenti spiriti.
- Can't judge a book by its cover. - Mai giudicare dalle apparenze.
- Can't judge a book by its cover. - Mai giudicare dalle apparenze.
- Crying over spilt milk. - Piangere sul latte versato.
- Crying over spilt milk. - Piangere sul latte versato.
- Curiosity killed the cat - Tanto va la gatta al lardo che ci lascia lo zampino.
- Curiosity killed the cat - Tanto va la gatta al lardo che ci lascia lo zampino.
- Give the benefit of the doubt - Concedere il beneficio del dubbio.
- Give the benefit of the doubt - Concedere il beneficio del dubbio.
- Kill two birds with one stone. - Prendere due piccioni con una fava.
- Kill two birds with one stone. - Prendere due piccioni con una fava.
- Piece of cake! - È un gioco da ragazzi!
- Piece of cake! - È un gioco da ragazzi!

- Speak of the devil! - Quando parli del diavolo e spuntano le corna.
- Speak of the devil! - Quando parli del diavolo e spuntano le corna.
- Keep one's fingers crossed. - Tenere le dita incrociate.
- Keep one's fingers crossed. - Tenere le dita incrociate.
- Add fuel to the fire. - Aggiungere benzina sul fuoco.
- Add fuel to the fire. - Aggiungere benzina sul fuoco.
- Get even with someone. - Pareggiare i conti.
- Get even with someone. - Pareggiare i conti.
- The apple doesn't fall far from the tree. - La mela non cade mai troppo lontano dall'albero.
- The apple doesn't fall far from the tree. - La mela non cade mai troppo lontano dall'albero.
- I'm stuffed - Sono pieno come un uovo
- I'm stuffed - Sono pieno come un uovo
- Let's get together and eat - Fare una spaghettata
- Let's get together and eat - Fare una spaghettata

- I know my stuff - Conosco i miei polli
- I know my stuff - Conosco i miei polli
- Don't be a ham, you idiot! - Non fare il salame
- Don't be a ham, you idiot! - Non fare il salame
- You can't have your cake and eat it too. - Non puoi avre la botte piena e la moglie ubriaca
- You can't have your cake and eat it too. - Non puoi avre la botte piena e la moglie ubriaca
- When it rains, it pours. - Piove sul bagnato
- When it rains, it pours. - Piove sul bagnato
- Keep it to yourself. - Acqua in bocca!
- Keep it to yourself. - Acqua in bocca!
- You can't keep your mouth shut. - Non sei capace di tenerti un cece in bocca.
- You can't keep your mouth shut. - Non sei capace di tenerti un cece in bocca.
- You'll get over it. - Chiodo scaccia chiodo
- You'll get over it. - Chiodo scaccia chiodo
- To be mad as hell. - Avere un diavolo per capello
- To be mad as hell. - Avere un diavolo per capello
- Look who's talking! - Da che pulpito viene la predica!

- Look who's talking! - Da che pulpito viene la predica!
- Easier said than done - Tra il dire e il fare c'è di mezzo il mare
- Easier said than done - Tra il dire e il fare c'è di mezzo il mare
- Once in a blue moon - Ogni morte di papa
- Once in a blue moon - Ogni morte di papa
- The early bird gets the worm - Chi dorme non piglia pesci
- The early bird gets the worm - Chi dorme non piglia pesci
- To have a crush on someone - Essere cotto di qualcuno
- To have a crush on someone - Essere cotto di qualcuno
- On your mark, Get set, Go! - Pronti, Partenza, Via!!
- On your mark, Get set, Go! - Pronti, Partenza, Via!!
- Long time, no see - È da tanto che non ci si vede
- Long time, no see - È da tanto che non ci si vede
- That's only the tip of the iceberg - È soltanto la punta dell'iceberg
- That's only the tip of the iceberg - È soltanto la punta dell'iceberg
- To pave the way - Spianare la strada
- To pave the way - Spianare la strada
- To break the ice - Rompere il ghiaccio

- To break the ice - Rompere il ghiaccio
- To drink like a fish - Bere come una spugna
- To drink like a fish - Bere come una spugna
- Never judge a book by its cover - Mai giudicare dalle apparenze
- Never judge a book by its cover - Mai giudicare dalle apparenze

Times and Measurements

- There are seven days in a week. - Ci sono sette giorni in una settimana.
- There are seven days in a week. - Ci sono sette giorni in una settimana.
- Today is Saturday, September 10th. - Oggi è sabato 10 settembre.
- Today is Saturday, September 10th. - Oggi è sabato 10 settembre.
- Tomorrow afternoon - domani pomeriggio
- Tomorrow afternoon - domani pomeriggio
- I marked our anniversary on the calendar. - Ho segnato il nostro anniversario sul calendario.
- I marked our anniversary on the calendar. - Ho segnato il nostro anniversario sul calendario.

- I sleep for 8 hours every day. - Dormo otto ore tutti i giorni
- I sleep for 8 hours every day. - Dormo otto ore tutti i giorni
- Three minutes - tre minuti
- Three minutes - tre minuti
- The clock reads eight minutes to twelve. - L'orologio segna otto minuti alle dodici.
- The clock reads eight minutes to twelve. - L'orologio segna otto minuti alle dodici.
- Not long ago - Poco fa
- Not long ago - Poco fa
- Shortly after - Poco dopo che
- Shortly after - Poco dopo che
- I've been waiting for 3 hours - Sto aspettando da tre ore
- I've been waiting for 3 hours - Sto aspettando da tre ore
- I've been waiting since 3 o'clock - Sto aspettando dalle tre
- I've been waiting since 3 o'clock - Sto aspettando dalle tre
- How long has it been raining? - Da quanto tempo piove?
- How long has it been raining? - Da quanto tempo piove?
- It's been raining for an hour - Piove da un'ora.
- It's been raining for an hour - Piove da un'ora.

- How long have you known Olivia? - Da quanto conosci Olivia?
- How long have you known Olivia? - Da quanto conosci Olivia?
- I've known her for a long time - La conosco da molto
- I've known her for a long time - La conosco da molto
- We've been friends since 2013 - Siamo amici dal 2013
- We've been friends since 2013 - Siamo amici dal 2013
- In about 2 years - Nell'arco di due anni
- In about 2 years - Nell'arco di due anni
- At the turn of the century - Alla svolta del secolo
- At the turn of the century - Alla svolta del secolo
- Straddling the 80's & the 90's - A cavallo tra gli anni ottanta e novanta
- Straddling the 80's & the 90's - A cavallo tra gli anni ottanta e novanta
- In about 2 months - Nel giro di due mesi
- In about 2 months - Nel giro di due mesi
- Just in time - Appena in tempo
- Just in time - Appena in tempo
- Never ever - Mai e poi mai
- Never ever - Mai e poi mai
- A little less than an hour - Poco meno di un'ora
- A little less than an hour - Poco meno di un'ora
- About 16 feet 5 inches long - Lungo circa 5 metri
- About 16 feet 5 inches long - Lungo circa 5 metri
- 5 feet 11 inches high - Alta 180 centimetri

- 5 feet 11 inches high - Alta 180 centimetri
- 4 inches thick - Spesso 10 centimetri
- 4 inches thick - Spesso 10 centimetri
- 1 foot wide - Larga 30 centimetri
- 1 foot wide - Larga 30 centimetri
- A bit more than a meter deep - Profondo un po' più di un metro
- A bit more than a meter deep - Profondo un po' più di un metro

Dating

- We should go out just us two sometime. - Dovremmo uscire solo noi due qualche volta.
- We should go out just us two sometime. - Dovremmo uscire solo noi due qualche volta.
- Are you free tonight? - Sei libero/a stasera?
- Are you free tonight? - Sei libero/a stasera?
- Why don't we meet again? - Perché non ci vediamo di nuovo?
- Why don't we meet again? - Perché non ci vediamo di nuovo?
- What's your phone number? - Qual è il tuo numero di telefono?
- What's your phone number? - Qual è il tuo numero di telefono?
- Can I invite you to dinner? - Posso invitarti a cena?
- Can I invite you to dinner? - Posso invitarti a cena?
- I'm paying. - Offro io

- I'm paying. - Offro io
- I like you so much. - Mi piaci tantissimo
- I like you so much. - Mi piaci tantissimo
- I'm very flattered - Mi lusinga molto
- I'm very flattered - Mi lusinga molto
- Do you want to be my girlfriend? - Vuoi diventare la mia ragazza?
- Do you want to be my girlfriend? - Vuoi diventare la mia ragazza?
- I miss you. - Mi manchi.
- I miss you. - Mi manchi.
- I love you, my dear. - Ti voglio bene, mia adorata.
- I love you, my dear. - Ti voglio bene, mia adorata.
- I wish I could kiss you right now. - Vorrei poterti baciare proprio ora.
- I wish I could kiss you right now. - Vorrei poterti baciare proprio ora.
- Good morning beautiful - Buongiorno bellissima
- Good morning beautiful - Buongiorno bellissima
- You caught my eye right away. - Mi hai colpito subito.
- You caught my eye right away. - Mi hai colpito subito.
- I love you! - Ti amo!
- I love you! - Ti amo!
- You are everything to me - Sei tutto per me.
- You are everything to me - Sei tutto per me.
- I want you. - Ti desidero
- I want you. - Ti desidero
- Marry me! - Sposami!
- Marry me! - Sposami!

- You're the man/woman of my dreams! - Sei l'uomo / la donna dei miei sogni!
- You're the man/woman of my dreams! - Sei l'uomo / la donna dei miei sogni!
- You're incredible - Sei incredibile
- You're incredible - Sei incredibile
- I'm always thinking about you. - Ti penso sempre
- I'm always thinking about you. - Ti penso sempre
- I'm crazy about you - Sono pazzo di te
- I'm crazy about you - Sono pazzo di te
- Can you tell me more about you? - Puoi dirmi qualcosa di più di te?
- Can you tell me more about you? - Puoi dirmi qualcosa di più di te?
- Are you married? - Sei sposata?
- Are you married? - Sei sposata?
- I'm single - Sono single
- I'm single - Sono single
- I'm married - Sono sposato
- I'm married - Sono sposato
- Sorry, I'm not interested. I have a boy/girlfriend - Mi spiace, non sono interessata/o. Sono fidanzata/o.
- Sorry, I'm not interested. I have a boy/girlfriend - Mi spiace, non sono interessata/o. Sono fidanzata/o.
- Can I have your email? - Posso avere la tua email?
- Can I have your email? - Posso avere la tua email?
- Do you have children? - Hai bambini?

- Do you have children? - Hai bambini?
- You are my soul mate. - Sei la mia anima gemella.
- You are my soul mate. - Sei la mia anima gemella.
- You changed my life. - Mi hai cambiato la vita.
- You changed my life. - Mi hai cambiato la vita.
- I can't live without you - Non posso vivere senza di te.
- I can't live without you - Non posso vivere senza di te.
- I'm falling in love with you. - Mi sto innamorando di te
- I'm falling in love with you. - Mi sto innamorando di te
- Embrace me! - Abbracciami
- Embrace me! - Abbracciami
- I could never stop loving you. - Non potrò mai smettere d'amarti
- I could never stop loving you. - Non potrò mai smettere d'amarti
- I want to make love to you. - Voglio fare l'amore con te
- I want to make love to you. - Voglio fare l'amore con te
- I would do everything for you. - Farei di tutto per te
- I would do everything for you. - Farei di tutto per te
- Did s/he hit on you? - Ci ha provato con te?
- Did s/he hit on you? - Ci ha provato con te?
- To play hard to get - Fare il prezioso
- To play hard to get - Fare il prezioso
- To have a crush on - Avere una cotta per

- To have a crush on - Avere una cotta per
- I'll pick you up at ... - Passo a prenderti alle ...
- I'll pick you up at ... - Passo a prenderti alle ...
- Friends with benefits - Amici di letto
- Friends with benefits - Amici di letto
- She got swept off her feet - Si è innamorata alla follia
- She got swept off her feet - Si è innamorata alla follia
- I want to tell you how I feel about you. - Voglio dirti quello che provo per te
- I want to tell you how I feel about you. - Voglio dirti quello che provo per te
- Would you like to go out to dinner with me? - Ti piacerebbe andare a cena con me?
- Would you like to go out to dinner with me? - Ti piacerebbe andare a cena con me?
- What time shall we meet tomorrow? - A che ora ci vediamo domani?
- What time shall we meet tomorrow? - A che ora ci vediamo domani?
- You look great. - Stai benissimo.
- You look great. - Stai benissimo.
- Shall we go somewhere else? - Vogliamo andare da qualche altra parte?
- Shall we go somewhere else? - Vogliamo andare da qualche altra parte?
- I will drive you home. - Ti riaccompagnerò in macchina a casa.
- I will drive you home. - Ti riaccompagnerò in macchina a casa.

- That was a great evening. - E' stata una serata fantastica.
- That was a great evening. - E' stata una serata fantastica.
- I'll call you. - Ti chiamerò.
- I'll call you. - Ti chiamerò.
- candlelit dinner - cena a lume di candela
- candlelit dinner - cena a lume di candela
- Go for a long walk - andare a fare una lunga passeggiata
- Go for a long walk - andare a fare una lunga passeggiata
- Walk on the beach - camminare sulla spiaggia
- Walk on the beach - camminare sulla spiaggia
- Have a picnic - fare un picnic
- Have a picnic - fare un picnic
- Cook a meal together - preparare da mangiare insieme
- Cook a meal together - preparare da mangiare insieme
- Have dinner and see a movie - cenare e vedere un film
- Have dinner and see a movie - cenare e vedere un film
- Will you be my Valentine? - Vuoi essere il mio Valentino?
- Will you be my Valentine? - Vuoi essere il mio Valentino?
- I think of you as more than a friend. - Penso a te come a più di un amico.

- I think of you as more than a friend. - Penso a te come a più di un amico.
- A hundred hearts would be too few to carry all my love for you. - Un centinaio di cuori sarebbero troppo pochi per racchiudere tutto il mio amore per te.
- A hundred hearts would be too few to carry all my love for you. - Un centinaio di cuori sarebbero troppo pochi per racchiudere tutto il mio amore per te.
- You make me want to be a better man. - Mi fai venire voglia di essere un uomo migliore.
- You make me want to be a better man. - Mi fai venire voglia di essere un uomo migliore.
- We were meant to be together. - Siamo fatti per stare insieme.
- We were meant to be together. - Siamo fatti per stare insieme.
- We need to talk. - Dobbiamo parlare.
- We need to talk. - Dobbiamo parlare.
- It's not you. It's me. - Non sei tu. Sono io.
- It's not you. It's me. - Non sei tu. Sono io.
- I'm just not ready for this kind of relationship. - È solo che non sono pronto per questo tipo di rapporto.
- I'm just not ready for this kind of relationship. - È solo che non sono pronto per questo tipo di rapporto.
- I think we need a break. - Penso che abbiamo bisogno di una pausa.

- I think we need a break. - Penso che abbiamo bisogno di una pausa.
- You deserve better. - Tu meriti di meglio.
- You deserve better. - Tu meriti di meglio.
- We should start seeing other people. - Dovremmo iniziare a vedere altre persone.
- We should start seeing other people. - Dovremmo iniziare a vedere altre persone.
- I need my space. - Ho bisogno del mio spazio.
- I need my space. - Ho bisogno del mio spazio.
- I think we're moving too fast. - Penso che ci stiamo muovendo troppo velocemente.
- I think we're moving too fast. - Penso che ci stiamo muovendo troppo velocemente.
- I need to focus on my career. - Ho bisogno di concentrarmi sulla mia carriera.
- I need to focus on my career. - Ho bisogno di concentrarmi sulla mia carriera.
- I'm not good enough for you. - Io non sono alla tua altezza.
- I'm not good enough for you. - Io non sono alla tua altezza.
- I just don't love you anymore. - È solo che non ti amo più.
- I just don't love you anymore. - È solo che non ti amo più.
- We're just not right for each other. - Semplicemente non siamo fatti l'uno per l'altro.
- We're just not right for each other. - Semplicemente non siamo fatti l'uno per l'altro.
- It's for the best. - È la cosa migliore.

- It's for the best. - È la cosa migliore.
- We've grown apart. - Ci siamo allontanati.
- We've grown apart. - Ci siamo allontanati.

At the Post Office

- Could I have an envelope, please? - Mi da una busta, per favore?
- Could I have an envelope, please? - Mi da una busta, per favore?
- Where's the postbox? - Dov'è la cassetta delle lettere?
- Where's the postbox? - Dov'è la cassetta delle lettere?
- I'd like to send this letter to ... -Devo mandare questa lettera in...
- I'd like to send this letter to ... -Devo mandare questa lettera in...
- Is the post office open tomorrow? - L'ufficio postale sara' aperto domani?
- Is the post office open tomorrow? - L'ufficio postale sara' aperto domani?
- What time is the next collection? - A che ora sara' la prossima raccolta?
- What time is the next collection? - A che ora sara' la prossima raccolta?
- Will you weigh this parcel for me, please. - Per favore, mi puo' pesare questo pacco?
- Will you weigh this parcel for me, please. - Per favore, mi puo' pesare questo pacco?

- Take a number and get in line. - Prenda il numero e si metta in fila
- Take a number and get in line. - Prenda il numero e si metta in fila
- I would like to send a parcel by express mail. - Vorrei inviare un pacco con posta celere.
- I would like to send a parcel by express mail. - Vorrei inviare un pacco con posta celere.

At The Bank

- I'd like to open a bank account. - Vorrei aprire un conto corrente.
- I'd like to open a bank account. - Vorrei aprire un conto corrente.
- Can I have a checkbook? - Posso avere un libretto assegni?
- Can I have a checkbook? - Posso avere un libretto assegni?
- Can I make a transfer? - Posso fare un bonifico?
- Can I make a transfer? - Posso fare un bonifico?
- My credit card does not work. - La mia carta di credito non funziona.
- My credit card does not work. - La mia carta di credito non funziona.
- Where can I get a bank statement? - Dove posso fare l'estratto conto?
- Where can I get a bank statement? - Dove posso fare l'estratto conto?

- I'd like to cash this check on my account. - Vorrei versare questo assegno sul mio conto.
- I'd like to cash this check on my account. - Vorrei versare questo assegno sul mio conto.
- What is the interest rate? - Qual è il tasso di interesse?
- What is the interest rate? - Qual è il tasso di interesse?
- Can I take advantage of the discount for young people? - Posso usufruire dello sconto per i giovani?
- Can I take advantage of the discount for young people? - Posso usufruire dello sconto per i giovani?
- Withdraw money. - Prelevare soldi
- Withdraw money. - Prelevare soldi
- I need a loan. - Avrei bisogno di un prestito
- I need a loan. - Avrei bisogno di un prestito

Business

- What's the dress code? - com'è l'abbigliamento/come bisogna vestirsi?
- What's the dress code? - com'è l'abbigliamento/come bisogna vestirsi?
- Is the meeting on time? - la riunione inizia in orario?
- Is the meeting on time? - la riunione inizia in orario?
- Are you open to negotiation? - siete aperti a qualche tipo di contrattazione?

- Are you open to negotiation? - siete aperti a qualche tipo di contrattazione?
- Would you accept a small gift? - accettereste un piccolo dono?
- Would you accept a small gift? - accettereste un piccolo dono?
- Sorry, I have to take this call - mi scusi, devo rispondere
- Sorry, I have to take this call - mi scusi, devo rispondere
- Let me make the first toast - fammi fare il primo brindisi
- Let me make the first toast - fammi fare il primo brindisi
- Let's get down to business - e adesso parliamo di affari
- Let's get down to business - e adesso parliamo di affari
- Cheers then, to our new project! - Ottimo! Salute allora, al nostro nuovo progetto! Excellent!
- Cheers then, to our new project! - Ottimo! Salute allora, al nostro nuovo progetto! Excellent!
- The deadline for the project is coming up - la scadenza per il progetto è vicina
- The deadline for the project is coming up - la scadenza per il progetto è vicina
- How much would this project cost? - Quanto costerebbe questo progetto?
- How much would this project cost? - Quanto costerebbe questo progetto?
- Could I have your business card? - Potrei avere il suo biglietto da visita?
- Could I have your business card? - Potrei avere il suo biglietto da visita?

- I'd like to take a week off in August. - Mi piacerebbe prendere una settimana di ferie ad Agosto.
- I'd like to take a week off in August. - Mi piacerebbe prendere una settimana di ferie ad Agosto.
- I quit - Mi licenzio.
- I quit - Mi licenzio.
- The people I work for - Quelli per cui lavoro
- The people I work for - Quelli per cui lavoro
- The company I work for - La società per cui lavoro
- The company I work for - La società per cui lavoro
- She has many different jobs. - Ha diversi lavori
- She has many different jobs. - Ha diversi lavori
- He didn't show up to work today. - Non si è fatto vivo a lavoro oggi
- He didn't show up to work today. - Non si è fatto vivo a lavoro oggi
- To work overtime - Fare gli straordinari
- To work overtime - Fare gli straordinari
- How did you get interested in this field? - Com'è nato il tuo interesse in questo campo?
- How did you get interested in this field? - Com'è nato il tuo interesse in questo campo?
- How'd you get into that line of work? - Come ti è successo di finire in quel genere di lavoro?
- How'd you get into that line of work? - Come ti è successo di finire in quel genere di lavoro?
- Revise a manuscript - rivedere un manoscritto
- Revise a manuscript - rivedere un manoscritto
- Revise the schedule - rivedere il programma
- Revise the schedule - rivedere il programma

- I couldn't work for a boss. - Non potevo lavorare per un capo.
- I couldn't work for a boss. - Non potevo lavorare per un capo.
- I launched my business because I wanted more freedom. - Ho avviato la mia ditta perché volevo più libertà.
- I launched my business because I wanted more freedom. - Ho avviato la mia ditta perché volevo più libertà.
- I am a freelancer. - Sono un freelance.
- I am a freelancer. - Sono un freelance.
- The best part of having a business is… - La parte migliore di avere un business è…
- The best part of having a business is… - La parte migliore di avere un business è…
- The worst part of having a business is… - La parte peggiore di avere un business è…
- The worst part of having a business is… - La parte peggiore di avere un business è…

At the Hairdresser

- Do you have an appointment? - Ha preso un appuntamento?
- Do you have an appointment? - Ha preso un appuntamento?
- I want to cut my hair short please. - Voglio fare un taglio corto, per favore

- I want to cut my hair short please. - Voglio fare un taglio corto, per favore
- Can you please sit in that salon chair? - Può per favore sedersi su quella poltrona?
- Can you please sit in that salon chair? - Può per favore sedersi su quella poltrona?
- Can you give me an oil massage, too? - Potrebbe farmi anche un massaggio con l'olio?
- Can you give me an oil massage, too? - Potrebbe farmi anche un massaggio con l'olio?
- How would like your hair cut? - Come vorrebbe il taglio?
- How would like your hair cut? - Come vorrebbe il taglio?
- What should I do with your bangs? - Come dovrei fare con la frangia?
- What should I do with your bangs? - Come dovrei fare con la frangia?
- How many centimeters would like off? - Quanti centimetri vorrebbe tagliare?
- How many centimeters would like off? - Quanti centimetri vorrebbe tagliare?
- To get a layered cut - Fare un taglio scalato
- To get a layered cut - Fare un taglio scalato
- To cut off the split ends - Tagliare le doppie punte
- To cut off the split ends - Tagliare le doppie punte
- I would like bangs. - Vorrei le frangia.
- I would like bangs. - Vorrei le frangia.
- I would like natural looking highlights - Vorrei dei colpi di sole.
- I would like natural looking highlights - Vorrei dei colpi di sole.

- Cut just a bit off the top. - Tagli solo un pochino sopra.
- Cut just a bit off the top. - Tagli solo un pochino sopra.
- I part my hair on the left - faccio la riga a sinistra
- I part my hair on the left - faccio la riga a sinistra

Emergency/ Medical

- I need to see a doctor - Devo andare da un medico
- I need to see a doctor - Devo andare da un medico
- I don't feel well - Non mi sento bene
- I don't feel well - Non mi sento bene
- Is there a hospital near here? - C'è un ospedale da queste parti?
- Is there a hospital near here? - C'è un ospedale da queste parti?
- Take me to the hospital please - Mi porti in ospedale, per favore
- Take me to the hospital please - Mi porti in ospedale, per favore
- It hurts here - Mi fa male qui
- It hurts here - Mi fa male qui
- I need some medicine - Ho bisogno di medicine
- I need some medicine - Ho bisogno di medicine

- I am having trouble with my heart. - Sto avendo difficoltà con il mio cuore.
- I am having trouble with my heart. - Sto avendo difficoltà con il mio cuore.
- I am having trouble with my breathing. - Sto avendo difficoltà con la mia respirazione.
- I am having trouble with my breathing. - Sto avendo difficoltà con la mia respirazione.
- I have been robbed. - Sono stato vestito.
- I have been robbed. - Sono stato vestito.
- Call the police. - Denomini la polizia.
- Call the police. - Denomini la polizia.
- Stop! Thief! - Fermo! Al ladro!
- Stop! Thief! - Fermo! Al ladro!
- I lost my bag. - Ho perso la mia borsa.
- I lost my bag. - Ho perso la mia borsa.
- I lost my wallet. - Ho perso il mio portafoglio.
- I lost my wallet. - Ho perso il mio portafoglio.
- Can I use your phone? - Posso usare il suo telefono?
- Can I use your phone? - Posso usare il suo telefono?
- I've been injured. - Mi sono ferito/a
- I've been injured. - Mi sono ferito/a
- Am I under arrest? - Sono in arresto?
- Am I under arrest? - Sono in arresto?
- I am an American citizen. - Sono un(una) cittadino(a) americano(a
- I am an American citizen. - Sono un(una) cittadino(a) americano(a
- I want to talk to the American embassy. - Voglio parlare con l'ambasciata Americano.
- I want to talk to the American embassy. - Voglio parlare con l'ambasciata Americano.

- I want to talk to a lawyer. - Voglio parlare con un avvocato.
- I want to talk to a lawyer. - Voglio parlare con un avvocato.
- Can I just pay a fine now? - Posso semplicemente pagare una multa adesso?
- Can I just pay a fine now? - Posso semplicemente pagare una multa adesso?
- Where are you taking me? - Dove mi state portando?
- Where are you taking me? - Dove mi state portando?
- Where is the closest pharmacy? - Dov'è la farmacia più vicina?
- Where is the closest pharmacy? - Dov'è la farmacia più vicina?
- Here is a prescription for some tablets. - Qui c'e' una ricetta per alcune compresse.
- Here is a prescription for some tablets. - Qui c'e' una ricetta per alcune compresse.
- I feel dizzy. - Ho le vertigini.
- I feel dizzy. - Ho le vertigini.
- can you recommend a dentist? - puo raccomandarmi un dentista?
- can you recommend a dentist? - puo raccomandarmi un dentista?
- Here is my prescription. - ecco la mia ricetta medica
- Here is my prescription. - ecco la mia ricetta medica
- I feel alright now. - me sento bene adesso
- I feel alright now. - me sento bene adesso
- I need a laxative - ho bisogno di un lassativo
- I need a laxative - ho bisogno di un lassativo

- I'm on antibiotics. - Sto prendendo antibiotici
- I'm on antibiotics. - Sto prendendo antibiotici
- I've lost a filling - Ho perso l'otturazione
- I've lost a filling - Ho perso l'otturazione
- Will you accept my medical insurance? - accetta la mia assicurazione medica?
- Will you accept my medical insurance? - accetta la mia assicurazione medica?
- stay in bed - rimanere a letto
- stay in bed - rimanere a letto
- Is it serious? - e' serio?
- Is it serious? - e' serio?
- He's fainted. - e svenuto
- He's fainted. - e svenuto
- I do not have a prescription - Non ho la ricetta medica
- I do not have a prescription - Non ho la ricetta medica
- My car broke down - La mia auto si è rotta
- My car broke down - La mia auto si è rotta
- He got hit by a car - È stato investito da un'auto
- He got hit by a car - È stato investito da un'auto
- They rear-ended me - Mi hanno tamponato in macchina
- They rear-ended me - Mi hanno tamponato in macchina
- Pull over to the side of the road! - Accosti al lato della strada!
- Pull over to the side of the road! - Accosti al lato della strada!
- The cars crashed into each other - Le auto si sono scontrate l'una con l'altra
- The cars crashed into each other - Le auto si sono scontrate l'una con l'altra

- A hit and run driver - Un pirata della strada
- A hit and run driver - Un pirata della strada

School

- What subject is your best? - Qual'e' la tua (sua) materia migliore?
- What subject is your best? - Qual'e' la tua (sua) materia migliore?
- What subject do you most like? - Quale materia preferisci (preferisce)?
- What subject do you most like? - Quale materia preferisci (preferisce)?
- I am good at Chemistry. - Sono bravo in chimica.
- I am good at Chemistry. - Sono bravo in chimica.
- I am very bad at Physics. - Sono molto scarso in fisica.
- I am very bad at Physics. - Sono molto scarso in fisica.
- I like Art. - Mi piace l'arte.
- I like Art. - Mi piace l'arte.
- How many pupils are there in your school? - Quanti allievi ci sono nella tua (sua) scuola?
- How many pupils are there in your school? - Quanti allievi ci sono nella tua (sua) scuola?
- There are 800 pupils in my school. - Nella mia scuola ci sono ottocento allievi.
- There are 800 pupils in my school. - Nella mia scuola ci sono ottocento allievi.
- My favorite subject in school is math. - La mia materia preferita a scuola è la matematica.

- My favorite subject in school is math. - La mia materia preferita a scuola è la matematica.
- Answer the math problem. - Risolvi il problema di matematica.
- Answer the math problem. - Risolvi il problema di matematica.
- I'm taking a class in German and one in mathematics. - Prendo lezioni di tedesco e matematica.
- I'm taking a class in German and one in mathematics. - Prendo lezioni di tedesco e matematica.
- What page? - Che pagina?
- What page? - Che pagina?
- How do you spell...? - Come si scrive?
- How do you spell...? - Come si scrive?
- I don't have the activity - Non ho l'esercizio
- I don't have the activity - Non ho l'esercizio
- I don't have the book - Non ho il libro
- I don't have the book - Non ho il libro
-

Understanding Signs

- For sale - Vendesi
- For sale - Vendesi
- Waiting room - Sala d'attesa
- Waiting room - Sala d'attesa
- The cash desk - La Cassa
- The cash desk - La Cassa
- One way - Senso unico
- One way - Senso unico

- No smoking - Vietato fumare
- No smoking - Vietato fumare
- Working days - Feriale
- Working days - Feriale
- Sundays and public holidays - Festivi
- Sundays and public holidays - Festivi
- Train platform - Binario
- Train platform - Binario
- This is the regional train going to Verona - Treno regionale per Verona
- This is the regional train going to Verona - Treno regionale per Verona
- Stops at all the stations - Ferma a tutti le stazione
- Stops at all the stations - Ferma a tutti le stazione

Skiing

- I am a beginner - Sono un principiante
- I am a beginner - Sono un principiante
- I am an intermediate - Sono uno sciatore medio
- I am an intermediate - Sono uno sciatore medio
- I am an expert - Sono uno sciatore esperto
- I am an expert - Sono uno sciatore esperto
- Sorry, I'm still learning - Mi scusi, sto ancora imparando
- Sorry, I'm still learning - Mi scusi, sto ancora imparando
- I am lost - Mi sono perso
- I am lost - Mi sono perso

Day at the Beach

- Take a dip - Fare un bagno
- Take a dip - Fare un bagno
- Squeeze in a nap - Schiacciare un pisolino
- Squeeze in a nap - Schiacciare un pisolino
- Build a sandcastle - Costruire un castello di sabbia
- Build a sandcastle - Costruire un castello di sabbia
- Watch the sunset - Vedere il tramonto
- Watch the sunset - Vedere il tramonto
- Spend time with friends - Passare il tempo con amici
- Spend time with friends - Passare il tempo con amici

Talking About the House

- We live on the first floor. - Abitiamo al primo piano.
- We live on the first floor. - Abitiamo al primo piano.
- The building is very old. - Il palazzo è molto vecchio.
- The building is very old. - Il palazzo è molto vecchio.

- There's no elevator. - Non c'è l'ascensore.
- There's no elevator. - Non c'è l'ascensore.
- We just bought a new house! - Abbiamo appena comprato una nuova casa!
- We just bought a new house! - Abbiamo appena comprato una nuova casa!
- We just moved to a new house - Ci siamo appena spostati in una nuova casa
- We just moved to a new house - Ci siamo appena spostati in una nuova casa
- The house has two bedrooms and one a half baths. - La casa ha due stanze da letto e un bagno e mezzo.
- The house has two bedrooms and one a half baths. - La casa ha due stanze da letto e un bagno e mezzo.
- Come on, let me give you a tour. - Vieni, ti faccio vedere/ti mostro la casa.
- Come on, let me give you a tour. - Vieni, ti faccio vedere/ti mostro la casa.
- This room will be my office! - Questa stanza sarà il mio ufficio!
- This room will be my office! - Questa stanza sarà il mio ufficio!
- The kitchen is my favorite room. - La cucina è la mia stanza preferita.
- The kitchen is my favorite room. - La cucina è la mia stanza preferita.
- I spend a lot of time in the garden. - Passo molto tempo in giardino.
- I spend a lot of time in the garden. - Passo molto tempo in giardino.
- We're going to paint next week. - Pitturiamo la settimana prossima.

- We're going to paint next week. - Pitturiamo la settimana prossima.
- Let's go to the kitchen. - Andiamo in cucina.
- Let's go to the kitchen. - Andiamo in cucina.